大庆

为了石油的建设

侯丽 著　张欢 译

生活·讀書·新知 三联书店

Simplified Chinese Copyright © 2024 by SDX Joint Publishing Company.
All Rights Reserved.
本作品中文简体版权由生活·读书·新知三联书店所有。
未经许可，不得翻印。

图书在版编目（CIP）数据

大庆：为了石油的建设 = Building for Oil -
Daqing and the Formation of the Chinese Socialist
State / 侯丽著；张欢译. —北京：生活·读书·新
知三联书店，2024.6
ISBN 978-7-108-07737-0

Ⅰ.①大… Ⅱ.①侯…②张… Ⅲ.①城市史–研究–
大庆 Ⅳ.① K293.53

中国国家版本馆 CIP 数据核字 (2023) 第 196025 号

责任编辑	卫　纯
装帧设计	鲁明静
责任校对	张国荣
责任印制	李思佳
出版发行	生活·讀書·新知 三联书店
	（北京市东城区美术馆东街 22 号 100010）
网　　址	www.sdxjpc.com
经　　销	新华书店
印　　刷	天津裕同印刷有限公司
版　　次	2024 年 6 月北京第 1 版
	2024 年 6 月北京第 1 次印刷
开　　本	700 毫米 × 965 毫米　1/16　印张 15
字　　数	208 千字　图 60 幅
印　　数	0,001-7,000 册
定　　价	66.00 元

（印装查询：01064002715；邮购查询：01084010542）

目 录

序　1
前言　7
　本书框架　11

第一章　发现大庆　1
寻找石油　3
　石油、探矿和政权　4
　战争、工业和资源　7
国家工业计划的弱点　11
　建立国家机器　11
　"一五"计划　14
　战略转移　18
大庆：伟大庆典　20
　建设一个新中国　22

第二章　先生产，后生活　25
大庆战区　30
全民动员　35
　从北京来　36
　到前线去　38
另类景观　43
　临时安家　共同建造　48
　抗击饥馑　联合妇女　50
　生活和生产相结合　工业和农业相结合　51
战时共产主义：国家与社会的重新整合　55

第三章　尖峰突破　59
建设的政治经济学　62
　　实现"均衡发展"　65
　　"冒进"　69
　　厉行节约　70
没有城市的规划　74
　　炼油厂选址　76
　　北京来客　77
　　反对集中　80
大庆的设计革命　85
　　"多、快、好、省"　88

第四章　大庆：中国工业化的正确道路　93
学大庆　94
　　炮轰"独立计划王国"　97
　　"小计委"　100
　　三线建设　101
油田工农村　104
　　红卫星村　110
　　创业庄　111
　　图强村　115
大庆模式的城市与建筑　117
　　建筑学中的"干打垒"精神　120
　　城市乡村化　124
去城市化的工业化　125

第五章　住在城乡异托邦　129
工厂是生产机器　131
　　铁人　132

  铁姑娘　135

  家属　136

  年轻知识分子　138

工厂是工读学校　143

工厂也是战场　146

  红卫兵　146

  造反派　149

  革命委员会　152

第六章　挑战大庆模式　157

工业战线上的鲜艳红旗　161

  石油人崛起　162

  "四三方案"和流动的"黑金"　163

  试水　165

不断扩大的工业集群　167

  逐渐恢复的城市支出　173

  矿区的扩张　173

"洋跃进"　179

  简朴的大会棚　179

  再建十个大庆！　185

  中国工人阶级的状况　187

沉没的石油平台　189

后记　191

致谢　197

参考文献　201

中译本后记　210

译后记　212

为了石油的建设

序

　　马萨诸塞州的剑桥，阴雨绵绵，在室内也能感受到越来越浓重的秋意。即将来临的，是一个异常多雪的冬季。我坐在哈佛燕京图书馆的阅览室里，感受到周遭的藏书和挂在墙上的书法卷轴所带来的历史厚重感。由于家庭的原因，以及作为一名从业于快速城市化的中国的规划师和教师，本书的撰写计划被一再推迟。如今，我终于可以独享这个宝贵的时刻，回顾中国的城市建设史，为曾经生活和工作在同样严寒的中国东北的那些人写点什么。

　　我在职业生涯中时常感到，一座城市的发展变迁，乃至个人生活所经历的跌宕起伏，无不与全球资本、生产，以及国家财富和权力竞争的构建及其重构息息相关。这是一个不争的事实，对于正在迈向现代化的中国而言，尤其如此。作为生活在当代的中国人，这意味着我们必须面对不断的变化和革新。规划师的专业训练致力于为社会寻找并创造更加美好的未来路径。我们一路跌跌撞撞，努力跟上历史的浪潮，几乎无暇思考，何以为整个社会寻找发展的规律并实现所有人的愿景。

　　我童年生活于华北的胜利油田。胜利油田位于渤海湾周边的平原地区，因黄河在此入海而与山东半岛其他地方分隔开来。这个区域的特征是不断变化、延伸和扩张的陆地，以及陆地上裸露着的为寻找石油和天然气而钻探出的无数孔洞。这片陆地由流经半个中国的黄河中的丰富沉积物在现代冲积而成。由于历史上的黄河时常泛滥，直到20世纪50年代末，该地区几乎无人居住。由盐碱地、潮汐、泥泞的沼泽和荒原组成，这里地势辽阔而平坦，远方的地平线举目可见。我童年有很多时间在荒原上游荡。在这片人烟稀少的土地上，能听到连接生产前线的木质电线杆发出的电流嗡嗡声，看到从地壳深处提取原油的钢铁机器的重复性上下运动，以及一个个分散的、由泥和砖砌成的平房所组成的厂矿院落。大自然和油田是两个同样荒凉的场域。除此之外，我童年和其他成长于乡村的孩子没有什么不同。我追逐野兔和大雁，把捕获的刺猬和蚂蚱带回家当宠物饲养。我和我的朋友们有时会点一把危险的野火，看着火在草原上蔓延，到贫瘠的盐碱地时自行熄灭。上学路上，我们在遍布荒原的池塘和小河里捉蝌蚪、捞小鱼。如果做操时在未经铺砌的学校操场不断蹦跳踩踏，海水会慢慢从地下渗出，场地变得柔软。这种工业与自然景观的独特结合是我童年记忆中难以磨灭的部分。1979年，当第一栋三层楼房作为油田干部培训中心落成时，附近的孩子挤在建筑工地周围，争相一睹楼梯的"芳容"。第一次站在楼顶时，我们感到害怕、头晕。不久，大家都搬进了类似的多层砖混楼房。乡村式的景观逐渐褪去，我成为生活在标准化住宅小区的城市人。

1990年，在中国政府宣布开发开放浦东、上海在规划中被定位为中国经济改革的"龙头"后，我进入上海的同济大学城市规划系学习。近代历史上，上海一直是中国人口最多、经济最繁荣的城市——许多中国人心目中的"魔都"。但是当我第一次到达那里时，上海北站广场周围破败不堪、尘土飞扬的城市面貌使我感到震惊，它看上去并不比伴我成长的油田更加现代。没过多久，一场翻天覆地的变革拉开了序幕。经过多年的大拆大建，我第一次到达时看到的上海几乎不复存在。

20世纪90年代以来，城市规划成为一个日益重要的行业。国家和社会迫切需要为快速增长的城市经济和不断增加的城市人口提供更多空间，并且期望得到更多、更快的发展。随着计划经济体制的淡出，土地利用规划成为国家调控资源分配、提供公共产品、促进经济增长的重要手段。得益于日益强大的国力和城市土地公有制优势，规划师在中国帮助数千万人口摆脱贫困，为学校、医院、交通运输、制造业和住房领域规划建造了前所未有的大量新建筑，为新建设准备了大片土地，短短30年内，城市建成面积增加了7倍。[1] 在这场大规模建设中，全国一半人口成了城市人口。一方面，与其他发展中国家不同的是，这里没

---

[1] 根据住房和城乡建设部编《中国城市建设统计年鉴——2014》，中国城市建成区总面积在1981年为7438平方公里，2014年为49772.6平方公里。

有因此而形成大规模的棚户区和贫民窟；由于开展了广泛的规划工作，城市人口和经济有序增长。另一方面，中国的城市社会面临许多严峻挑战：农民工及其家人在城市中未能享受到市民同等待遇，腐败问题困扰着城市的发展和规划，大规模拆迁和人口迁移损害了原住民的利益，污染、交通拥堵、缺乏均等化公共服务，以及公共场所存在争议的因私占用——这些只是目前城市面临的众多问题中的冰山一角。房地产价格的上涨速度远远高于GDP的增长速度。上海已经成为全球房价最贵的城市之一，堪比纽约和东京。城市病伴随着城市的无序蔓延而来，通过规划看似也无法逃避。城市危机的发生在空间、社会和政治上与城市结构紧密相嵌。考虑到所有这些挑战，规划师如何能在不违背良心的前提下努力工作？现实的场景让理想的未来变得越来越模糊。

2003年，我获得曹文锦中国教师奖学金资助，赴哈佛大学设计研究生院深造。第一年，我修读了城市经济学、房地产金融、土地使用与环境法课程。我认为这些课程将在我回国后大有用武之地。我在同济的硕士论文课题是"土地制度改革及其对城市发展的影响"。20世纪90年代中期以来，在中国学术界，传统的学术范式被新自由主义经济学所取代。我计划申请中国国家留学基金委为城市经济学领域的海外博士生提供的奖学金。然而，到了博士第一年，我变得对历史更感兴趣，例如苏联规划和美国企业城的历史，以及20世纪中国史。我写了一篇课程论文，是关于我成长的地区建设企业城的历史。我觉得这个课题很有意思，所以决定继续朝着这个方向撰写学位论文。就在那时，我转向研究大庆，在它被作为全国模范的15年时间里，大庆模式对中国的油田建设，乃至整个国家都产生了深远的影响。尽管如此，我在写博士论文时还是经常被问到：为何在当代中国面临的如此多的具有挑战性的规划问题中，选择一个20世纪60年代的偏远油田开发作为研究课题？

我把自己对历史的迷恋解释为在迷失时寻求身份和意义的努力。这既是学术上的，也是个人的。毕竟，对过去的了解构成了我们对当下身份的认知，能帮助我们更好地迎接未来。当代中国历史经常被视为与旧社会的彻底决裂，而我的目标是建立联系。从这个意义上说，我是带有个人倾向的。本书涵盖从1949年到1979年的30年时间,这时期出现了一系列革命和观念转变,这些转变以看似不寻常的历史割裂开始和结束。[1]数百万中国人远离他们熟悉的环境,他们的思维和生活方式经历了彻底的重塑。然后,1979年发生的事件再次颠覆了过去。一夜之间,许多革命者成为自己过去批判的"反革命分子"——信奉市场经济的"资本主义走狗"。这一切为何会发生?共和国前30年对之后的贡献是什么?此外,尽管城市化进程停滞不前且政治动荡,但六七十年代经济增长的总体表现相当不俗。根据国家统计局的数据,从1960年到1979年,国民生产总值增长了一倍多。制造业年增长率为5.8%,能源和化工行业增长更快。六七十年代的农业表现远远超过50年代。自60年代中期起,粮食产量稳步增长,最终在1984年创下历史新高。尽管这些数据遭到质疑,在所谓的去城市化进程背景下,这种增长是如何实现的?在地方层面究竟发生了什么?我父母那一代人又经历了什么?我父亲是60年代从西南石油学院毕业被分配到北方的石油工程师。遗憾的是,我不曾有机会与父亲就他在那段时期的经历进行深入的对话。

这些问题最终促使我完成这本书。它是关于大庆油田这座模范"城市"如何成为时代工业地标的故事。本书着重探讨社会主义中国的建设活动、建国初期的城市化和工业化战略、土地和资源利用,以及城乡分化等问题,记录了自50年代中期以来中央计划经济体制的持续改革,以及城市建设在国家和地方一级的协商方式。我的目的是展示社会主义意识形态、政治冲突、城市规划专业和大众态度,以及它们如何在大庆模范城市的创建中被表达,它们如何作为每天生活和体验的所在,同时,如何作为一个控制和管治、异议和争论并存的空间而存在。本书也是关于粮食和能源的故事,这是决定新中国生死存亡的两大关键因素。

研究是一个不断迷失方向与重新定位的过程。我经常与原有的想法和发现的事实发生冲突。在研究过程中,我越来越对我研究的地方和人

---

1 参见Paul A. Cohen, "Reflections on a Watershed Date: The 1949 Divide in Chinese History", in Wasserstrom, *Twentieth-Century China*。

产生特殊的感情。我感触于他们的艰辛、感动于他们的强韧。当我读到石油领导人定下雄心勃勃的石油生产目标，从而影响群众生计和生活，并要求个人不计得失自我牺牲时，我感到难过，但也被那时的人民对中国现代化的奉献和坚定的信念所打动。让我感到最惊讶的，是那些被定性为极左分子的人，他们当年坚决主张自力更生，但后来却成为与外国资本家创立合资企业的先行者。他们的口号"少说空话，多做实事"与"实践是检验真理的唯一标准"异曲同音。在这段历史中，高级干部和普通群众都坚韧不拔，值得尊敬，面对困难誓不低头。他们努力获取石油、粮食和适宜的住房，他们战胜困难、超越自我并最终生存了下来。对曾经的战场，大家的感情各不相同。

我在书中尽可能地容纳这些生动而矛盾的记忆。许多人在面对艰难的斗争时失去了理智甚至生命。生活的压力，集体与个人利益之间的冲突，城乡之间，以及理想与现实之间的距离，消耗着这片土地和这里的人民。实现现代化的驱动力如此顽强，以致弱化了现代性的意义。时至今日，许多人的记忆已无法企及。由于缺乏足够的材料，我无法为这些人撰写像样的记录，特别是那些不识字的、我不擅长与之沟通的人，以及那些在艰苦斗争的岁月中无声逝去的人。

本书每一章都平行叙述了一个生活在大庆的女规划师的故事。她的个人感受为我寻求表达的宏大叙事提供了更细腻的质感。我很幸运地找到了查滨华（在本书中名为"晓华"），并非常感谢她愿意让我发表她的故事。我从《建筑学报》1966年发表的一篇文章里知道了她，该文讲述了她如何从一个同济大学"西方价值观和方法论"中毕业的城市规划师，转变为自觉"代表工人和农民的真正利益"的大庆精神实践者。这篇文章来自"文化大革命"爆发之前她在中国建筑学会年会上所做的演讲。毋庸置疑，当时她的演讲伤害了一些资深规划师和同济大学教授们的感情。我通过同济大学校友网追踪到她，并与她慢慢建立了联系。在很多方面，她让我联想到自己。她满腔热情想要为祖国建设一个石油边疆，却未曾意识到这让她的亲人暴露在脆弱和危险之中。她不是一个真正的"革命造反派"，或者，公平地说，她曾经在一段时期内是。她对自己的城市规划工作产生了复杂的情感，并在一个专业人士与一个母亲的角色之间挣扎。她既顽强又感性。因为在那些苦难岁月里难与家人团聚，她很遗憾自己在职业生涯中"过于雄心勃勃"，以致未能好好照顾年幼的女儿们。当听到她懊恼过去的许多疏忽，说她不配母亲这个称谓时，我的眼泪也忍不住流了下来——那时，我也无奈地将女儿委托家人照顾，独自带着老大在美国完成博士论文。在阅读查滨华的信件和日记时，我切身感受到了同样思念远方心爱的人的痛苦。

查滨华那一代人的国家政策要求严格控制"城市消费"，她和同事参与的民用建设项目非常有限。如她同为同济大学建筑系毕业生的丈夫所说，他们在这段时期建造的最有意义的结构工程，是一个用报纸折成的容器，这个容器能够让他们比别的家长在皮包里装下更多的鸡蛋，以便从黑市偷偷运回家给孩子们补充营养。就在十几年之后，城市建设规模经历了过去无法想象的惊人增长。以前被严格控制的城市消费，现在被鼓励充当国民经济的增长引擎。查滨华和我父母那一代人在充满斗争的生活中幸存了下来。他们留下了我们尚未能充分理解的遗产。能源和粮食限制仍然是当今中国亟待解决的问题，这个问题对其他国家同样产生了巨大的影响。

正如林语堂在1936年出版的《吾国吾民》一书中所总结的，"这是一个国家诞生的故事……它只是一群形形色色的人，试图活出他们自己的生活，没有人能够质疑他们这样做的权利……她成为现代化国家过程中的每一个进步，都是由幻想破灭的痛苦教训而来"。

完成本书时，我的复杂情感并没有变得轻松。中国正面临一个巨大转变的历史时刻，我真诚地希望本书能够帮助读者了解中国，并且能够在某种程度上帮助当代的人们重视过去，思考未来。

2014年9月于麻省剑桥

前言

> 地方建设是一种包含了物质、表征和符号的政治活动；个体投身建设于某地，并因为这种投入而被赋予了集体的属性。
>
> ——大卫·哈维

从哈大高速驶向大庆，眼前逐渐展现的风景与中国任何一个正在成长的新城没什么差别。和其他很多城市一样，这里以整齐的土地用途分区、街道网格和标准化住宅为标志，有着宽阔的道路、超级街坊、宏大尺度的广场和大型公园。大庆市政府、高校，以及市属单位的大型居住区被安排在东风新村。但是，如果过了东风新村继续向西，就会遭遇"自然"的田野，零星的住宅周边是适合放牧的大片草地，偶尔蹿出几朵野花，水塘遍布，外加密集的电网、线杆和精心铺设的沥青路面。同样随处可见的还有油井，这才让人意识到，大庆确实是一个石油城镇。它糅合了田园景观和欣欣向荣的工业景象，是一个看上去既不完全城市也不怎么乡村的石油生产基地。沿着高速公路前行，一些简单实用的低层工业建筑逐渐出现。稍微离开快速交通走廊，就会看到许多油井矗立在废弃的公共建筑和由单层砖房、土坯房组成的村庄之中。从20世纪90年代中期开始，在这片叫萨尔图的地区，城市建设已经停止，让位给石油生产。由于无法保障公共安全，加上住在村里的家庭抱怨医院、学校和日用品供应等公共服务不到位，城市的建设转向东城和西城。移址建设东西两翼的决定，保存了这里六七十年代石油城镇的原始景观，留下了逐渐衰败的博物馆般的历史遗存。在更西边有两个区，分别是让胡路和乘风村，这两片区域更加城市化、更有机发展。西城有大庆石油管理局和中石油大庆石化分公司。

今天的大庆或许和中国其他城市看上去类似，但它的特殊在于其历史,离散的景观不单源于工业生产,也包含更多政治意义。1959年9月26日,大庆成功钻出第一口产油井,正好是新中国成立十周年之际。此时是中苏交恶的当口儿,苏联"老大哥"威胁切断石油供应链,大庆油田的发现对于年轻的共和国来说十分关键。"大庆"的名字源自新中国十周年大庆,暗示了它对于国家的重要战略意义。

从1964年到1980年,大庆油田原油年产量超过全国年产量的50%,为国家提供了6810万元的利税。从1966年开始,大庆油田作为向国家财政贡献最高的工业企业,一直在推动着国家的发展。在80年代中期,国家的企业总利税收入中,不少于3%来自大庆;至少有11%的国家外汇收入来自因国际石油价格飙升而提高的大庆石油出口额。[1] 没有大庆,中国工业化和现代化发展将会被严重削弱。

大庆不仅仅是一个石油城镇,它还是新中国现代工业的象征、"独立自主"的展示台,代表了中国国家工业化项目的"大跃进"。没有其他地方像这里一样,物质景观、日常生活与国家利益和意识形态如此紧密地缠绕在一起。在这里,社会主义理想和人民革命精神战胜了现实。作为毛泽东思想的样本,大庆将国家从低迷的经济中拯救出来,并给予领导人信心继续坚持国家革命路线。大庆象征着拒绝布尔乔亚的社会模式,以及对苏联社会主义建设道路的挑战。中国领导人希望这一模本能够激励全国,走向渴望已久的工业化未来,走向建立在平等、生产、革命进步基础上的社会。1964年的文章《大庆精神 大庆人》反映了当时个人追求国家目标的献身精神、自我牺牲的简朴生活方式,以及独特的城乡结合的土地利用模式,这些特征都将在其后十年内成为全国学习的模范。[2]

---

1 姚明理:《大庆的过去、现在与未来》,《中国石油》1985年第2卷第1期,第43页。

2 袁木、范荣康:《大庆精神 大庆人》,《人民日报》1964年4月20日。

城乡结合的大庆景观被视为体现了马克思描绘的共产主义社会图景，因为它消除了三大差距：城乡差距、工农差距、脑体差距。大庆建设始于一个城市和乡村都在流失大量人口的时期——错误的"大跃进"之后，去城市化潮流愈演愈烈，同时国家正面临严重的战争威胁。"干打垒"精神在此时出现。"干打垒"是一种本土的建造方式，房子用夯实的泥、草砌成，后来这种建造模式在全国范围内得到推广，为工人们提供简朴的住所。成千上万的"社会主义新人"——大庆劳模，成为中国新兴工人阶级的代表。余秋里将军所领导的"石油帮"，在各领域事业中大力推广大庆模式，在六七十年代形塑了中国工业化和现代化的道路。

本书框架

本书用时间顺序组织起简洁的叙事，但每一章都有一个关注主题，所以某些章节的时间跨度会与其他章节有轻微的重合。其中第一章介绍了大庆油田的发现、新中国第一个五年计划的实施及对基础能源供给的迫切需求。第二章由大规模动员和前线人员的重新安置两部分构成，预示着即将出现的另类景观样板。第三章从规划建造的早期辩论开始，解释了大庆何以被视为理想模范。第四章介绍了大庆模式和大庆领导人如何出现在中央舞台，成为一段特殊的工业化与城市化的国家战略时期的开端。第五章描述了大庆人的日常生活，以及教育社会主义新人的尝试。第六章揭示了大庆模式如何在"文革"期间达到了它的顶峰，又如何急速地衰落。《后记》则涉及石油政治及其国际关系影响。石油生产的停滞伴随着"去城市化的工业化"模式走向尽头，为未来的经济改革铺平道路。

大庆的故事是中华人民共和国前 30 年历史的缩影。这里既有国内外政治经济的变化，也有中国的城市政策、规划和城市建设的发展。与每个章节平行的还有一位女规划师的故事。晓华在 1962 年到 1975 年间生活在大庆。她的个人记录与宏大的历史叙事既相互平行，又成为一个整体，两者互为补充。

第一章
发现大庆

中国在20世纪的开局处于颓势。国家的领土和首都被侵占，意识形态和制度处于危机之中。在少数几个中心城市之外，农业经济依旧占据牢固的压倒性地位。几乎从各方面来说，中国都难以在那些意图打造新世纪工业的国家之中突围而出。

—— 哈钦斯《现代中国》

我们不但善于破坏一个旧世界，我们还将善于建设一个新世界。

—— 毛泽东，1949年

时间开始了。

—— 胡风，1949年

现代世界里，石油是国家安全和经济繁荣的核心资源，也是工业化的原动力。大庆油田与其他重要矿产资源的发现，帮助中国开启全面工业化计划的同时，也为这片土地提供资源，养活它的人民。在中国从乡村农业社会转向城市工业社会的过程中，这些资源不可或缺。中国的土地当然称不上贫瘠，然而其价值的实现有赖于一代又一代人的奋斗。中国石油的发现正好处于中国从传统社会向现代社会转型的关键节点上，而在此之前鲜有成功的案例。尽管1949年成立的中华人民共和国在姿态上是与过去告别，但事实上它从传统继承的遗产要比预期的更多。石油勘探就是其中一例。在遭受外国侵略、国家分崩离析、国民工业经济发展迟缓的漫长历史时期，新兴社会精英的观念从儒学转向了科学民主——这些人尽管数量有限，面对工业化世界尚属稚嫩，但对发现大庆油田的成功来说，则不可或缺。发现拥有丰富原油储量的大庆油田，对于新政权的存续非常关键，否则在中苏关系恶化的时候，国家将面临极为严重的危机——"老大哥"之前不仅提供石油，而且提供了发展国家重工业项目的技术和资金支持。大庆油田的发现将新生的国家从饥馑中拯救出来。

寻找石油

众所周知，中国是一个产煤大国。20世纪证明了石油是一种比煤炭更有效率的燃料，并且被转化为现代世界权力的来源。与煤炭开采的过程相比，石油勘探对于科学、技术、资金的要求更高，这考验着一个国家的知识、财富和能力。纵观世界历史，公平地说，大规模石油储量的发现能够影响一个国家的现代化进程。另外，石油资源的分布在空间上是如此不均衡，以至于它们的发现很多时候只是小概率事件。

现代中国的石油勘探故事听上去是技术的，但实质上是政治的。"中国很多地方由不同类型和年代的岩石层构成，不可能存在商业规模的油田。"美孚石油公司的地质顾问弗雷德里克·克莱普在1938年的《石油科学》中写道。[1] 这是中国石油工业发展的官方叙事中最常引用的句子——"傲慢的美国地质学家"低估了中国的石油储量，下定论说中国在石油资源上注定贫瘠。其实，克莱普此文的下一句话是："但是中国一些地方有油苗，在沉淀盆地也有地面显示和石油构造。"这句具有前景的富油盆地的介绍被刻意地忽视了。

石油、探矿和政权

19世纪中期，用于照明的煤油被引入中国，很快就成了外国石油公司出口中国最赚钱的商品。这类进口之所以被允许，主要是由于1840—1842年第一次鸦片战争中国历史性的战败。战败后，中国被迫签订了《南京条约》及其附属条约，向外国贸易打开国内市场。《南京条约》为外国商品进入中国提供了法律基础，并促进了煤油在国内的销售。和煤油相比，传统用于照明的植物油烟多、效率低、价格高。标准石油公司于1870年由约翰·洛克菲勒在俄亥俄州的克利夫兰创立，没多久就将业务拓展到了中国。该公司在美国本土遭遇反垄断诉讼的同时，在中国的销量却节节攀升，很快就成了在华最大的美国公司。[2] 几十年后，美国德士古公司和亚细亚火油公司（荷兰皇家壳牌公司的远东分支）才成为中国市场内其他两家最具竞争力的石油公司。

19世纪末期，煤油已经成为中国城乡日常生活中必不可少的能源。[3] 新的生活方式使石油产品的消费量稳步增长，中国人口基数庞大，这对国内外商人而言，都意味着中国是一个极具吸引力的市场。伴随着原油的商业价值逐步实现，中国开始了对本土的石油勘探。

1　Fuller and Clapp, *The Science of Petroleum*, Vol.1, 1938, p. 139.

2　Gilliam, "The Standard Oil Company in China"。1911年，美国最高法院裁定世界上最大规模的国际公司——标准石油公司非法垄断。受此影响，标准石油公司不得不将其东亚市场与荷兰壳牌石油公司分享，以换取欧洲的市场份额。参见Mohr, *The Oil War*, Harcourt, Brace, 1926, pp. 61–62。

3　煤油在当时被国人称为"洋油"，与"洋布"、"洋火"（火柴）一起成为中国市场最受欢迎的进口商品。

图1-1 华北乡村,进口煤油通过人力配送(1919年。来源:美国国家档案馆)

图1-2 在长江流域中游的湖南湘潭,煤油被装上舢板(1930年。来源:美国国家档案馆)

采矿在晚清是被严格禁止的。中国传统的自然观认为土地是神圣的遗产，山川是国族的"龙脉"，所以采矿被认为是对祖先和神明的不敬。当原本逻辑自洽的国家突然意识到，自己周围环绕着一群想要瓜分中国蛋糕的外国势力时，当局开始担心国家利益的争端。1850年，福建省派遣官员视察当地采矿活动，"饬令淡水厅文武随时密查，遇有不肖民人私挖煤炭，立即杖毙，以杜勾串洋人的弊端"。[1]

洋务运动期间，由于建设现代工业和皇家海军需要稳定的燃料供应，采矿禁令被解除。1875年，清朝指定直隶（今河北省）磁州和福建省台湾作为国家开采的试点。[2]自此，晚清政府多次尝试勘探石油，但是官方的勘探行为总是由于腐败和低效而宣告失败。国内商人无法负担开采和运输的高投资；而接受国外援助，在清廷看来就是"卖国"。紧缺的财政状况、过时的技术水平、失效的管理能力，连同对外国投资重资产项目的争论及对其影响的隐忧，成为中国石油战略制定过程中反复出现的问题。

随着1911年清廷的覆灭，新成立的共和政府将本土油矿收归国有，但并没能如愿掌控经济。1913年，北洋政府与纽约标准石油公司（美孚）谈判，让渡陕西省延长盆地和直隶的独家勘探权，换取1500万美元的政治资金来挽救财政危机。[3]1914年2月，美孚和北洋政府完成谈判，签订了《中美合办油矿合同》。根据合同条款，美孚获得了延长盆地的独家勘探权；如果发现具有巨大商业利润的原油资源，美孚公司将在60年内得到其石油产品的炼制、销售权；而作为交换，

---

1 《四国新档英国案》第2卷，第29页，转引自黄嘉谟《甲午战前之台湾煤务》，台湾"中央研究院"近代史研究所，1961年，第18页。

2 《清史稿·食货志》，东京：极东书店，1965年，第16页；孙毓棠：《中国近代工业史资料》第1卷第2本，台北文海出版社，1979年，第582页；同时可参见Shellen Xiao Wu, *Empires of Coal*, Stanford University Press, 2015, chap. 5.

3 Williams to Bryan, October 21, 1913, *in Records of the U.S. Department of the State Relating to the Internal Affairs of China, 1910–1929*, 893.51/1477, U.S. National Archives, Washington, DC.

美孚同意"暗地"帮助北洋政府获得美国贷款。[1]然而，由于与英、日石油公司的利益冲突，再加上国内对外激愤与日俱增，这一合约被卷入继鸦片战争之后形成的席卷全国、连续不断的民族主义浪潮，尤其是用国家石油资源换取外国秘密贷款的条款格外引人瞩目。在情势未明的时候，美孚延长了一年的合同期限，来确定是否能发现石油。三年的时间，美孚地质学家在近10万平方公里的区域进行调查，并绘制了1∶12000比例的5万平方公里详细地图。遗憾的是，合约期的延长对石油勘探于事无补。在国内外的压力下，美孚和北洋政府都失去了对该项目的信心。1917年，双方同意废止这一合约。由于运输费用过高，钻探机器被废弃在勘探现场。

战争、工业和资源

1931年9月，日本入侵东三省，这成为中国石油勘探的转折点。石油制品从一种生活物资转为了战略资源。20世纪30年代，汽油取代煤油成为最重要的石油产品。中国城乡开始使用电力，煤油的进口量迅速减少。[2]同时，由汽油驱动的汽车成为重要的交通工具。1921—1927年，北洋军阀政府统治的七年间，国家公路的总长从1185公里增加到29170公里。随后，在1928年掌权的国民党政府继续加大公路建设投资。超过82000公里的公路在南京政府时期（1928—1937）建成，大部分用于军事。[3]许多城市开始拆除旧城墙和贫民窟来修建更多的公路。国民党政府组建的空军部队同样需要消耗大量汽油。在当时，中国的石油消费高度依赖三大国际石油公司：美孚石油公司、亚

---

1 Reinsch to Secretary of State, February 16, 1914, 893.6363/1, U.S. National Archives, Washington, DC.

2 Kirby, "Engineers and the State in Modern China", in *Prospects for the Professions in China,* edited by William P. Alford, William Kirby, and Kenneth Winston, New York: Routledge, 2010.

3 中华民国实业部中国经济年鉴编纂委员会编：《中国经济年鉴：民国二十五年第三编》，1936年，第32页。

细亚火油公司和德士古公司。这些进口汽油先存储于沿海的开放口岸，如上海、天津、宁波和广州，然后通过水路这种最安全和廉价的方式运往内陆。长江成为石油贸易最主要的交通干道。

九一八事变倒逼国民党政府将建设国家军事力量摆在首要位置。在这样特殊的背景下，国防计划委员会——后来更名为资源委员会——成立，该委员会通过努力寻找石油资源来为国防做准备。[1]资源委员会由著名的地质学家领导，由一群科学家、专家和工程师组成，它的成立对石油勘探十分关键。翁文灏是委员会的秘书长，他在1912年于比利时鲁汶大学获得博士学位。多年以来，委员会因在中国工业投资上的无党派化和坚守道德品格而闻名。30年代，由于早先推行现代教育的努力，中国专家逐渐接替了之前由外国人担任的技术岗位。出于对中国战败和政府丑闻的失望，这群科学家和工程师达成共识，认为建设重工业将是抵抗日本和其他殖民威胁的最有效的方法，"惟有明确得要之总纲，方能成切实可行之计划，而建设事业亦克具见真效，不托空言"。[2]

资源委员会非常强调探明中国的原材料矿藏。[3]通过其一以贯之的计划和投资，委员会成功开采了国家矿源，建起重工业工厂。在石油方面，1934年，在孙越崎领导下，资源委员会的地质学家利用美孚公司当年遗弃的设备，在延长地区成功发现资源丰富的油田，并建起两口油井。一年后，这一矿区被红军接管，成为苏维埃政府重要的收入来源。

日军很快取得了沿海主要城市和沿江交通要道的控制权。以煤炭为动力的火车和船只不再安全，汽油动力为主的公路交通的重要性凸显出来。然而，水路运油的通道被封锁，外国石油公司因此被迫

---

1 *Germany and Republican China*, Stanford: Stanford University Press, 1984, p. 78.

2 翁文灏：《中国经济建设论丛》，资源委员会秘书处，1943年，第7页。

3 郑友揆、程麟荪、张传洪：《旧中国的资源委员会（1932—1949）——史实与评价》，上海社会科学院出版社，1991年。

图1-3 中国工程师和工人在重庆嘉陵江试图打捞落水的钻井机器[1937年。来源:中国(台湾)石油公司]

图1-4 位于崇山峻岭之中的玉门油田,宿舍建在半山腰上[来源:中国(台湾)石油公司]

迁至缅甸,将国内运输的风险留给买家。从1938年开始,滇缅公路的建设牺牲了上千条生命,由于其条件过于简陋,因此只允许运输最重要的战略物资。1942年,这条简陋的通道被截断,中国基本与外部的工业援助断了联系。举个例子,1942年的石油进口降到了1936年进口量的0.1%,完全无法满足军事需求。[1]

---

1 同上。

1938年，资源委员会在甘肃省发现了玉门油田，这是中国第一个符合工业规模储量的油田。玉门油田位于西北最荒凉的区域，距离民国战时陪都重庆2552公里之遥。钻探和开采机器需要在严峻的军事威胁下运输到千里之外。生产也缺少足够的劳动力，这个问题对于人口大国而言很反常，但当时的战争条件让采矿面临年轻劳动力匮乏的问题。资源委员会派遣孙越崎去敦促玉门油田尽快投入生产。由于1941年爆发了太平洋战争，大部分从美国进口的采油机器不是被封锁在缅甸，就是丢失在路上。在这个关键时刻，先前对现代知识和人才资源的投资得到了最有价值的回报。中国的工程师和工人成功组装了仅存的机器零部件，迅速在玉门油田开始生产。在1949年前，玉门油田生产了52万吨原油，大约贡献了当时全国产量的95%。

另一个具有石油开采前景的地区是新疆西北部的中苏边界附近。在三四十年代，西北军阀盛世才与苏联紧密合作，在这片区域进行石油勘探。[1] 苏联地质学家开展了详尽的地质调查，发现了两个具有前景的油田，一个在乌苏，另一个在独山子。1937年，在苏联的帮助下，中国第一个现代化炼油厂在独山子开始生产。[2] 但是1942年盛世才突然中止了和苏联的合作，炼油厂的生产停止，设备被转移。

至1949年，中国大陆只有玉门油田维持着工业生产。它让中国在战争年代渡过了危机，但仍旧无法满足国家的大规模转型需要。不过，半个世纪的找油历程和从未间断的现代化追求中，涌现出了一群具有必要知识、技能、经验的中国石油地质学家、工程师和工人。在孙越崎和他的同事们的努力下，玉门油田完好无损地和平移交给中国人民解放军。事实上，大部分资源委员会的地质学家和工程师留在了大陆，为新生的人民共和国工作。资源委员会为大陆留下了上百个重工业企业，将近1000个加工、矿产、发电站点，32000名管理人员，以及超过60万的

---

1 关于新疆在石油开采方面与苏联的关系，参见 Whiting & Sheng, *Sinkiang: Pawn or Pivot*, Michigan State University Press, 1958。

2 这成为1950年成立的第一个中苏合资石油公司的前身。

技术工人。这些连续性资源对1949年后工业生产的贡献不容忽视。

国家工业计划的弱点

1949年,当毛泽东站在天安门城楼宣布中华人民共和国成立时,中国的人口超过5亿,其中将近90%的人口在过去一个世纪的动荡中居于乡村,饱受贫困折磨。许多中国人,以及中国共产党,相信社会主义作为一种新的生产关系和生活方式,将会解放生产力,带领中国人民走出贫困,恢复中国在现代世界中应有的地位。

在宣布中华人民共和国成立的八个月前,毛泽东在西柏坡——中共中央和解放军的战时总部——警示全党,未来的形势与过去大不相同。1949年以前,共产党在中国内陆最贫困的乡村地区检验了他们的治理能力;但是,1949年以后,党需要将工作重心从农村转移到城市,从地区走向全国。"从现在起,开始了由城市到乡村并由城市领导乡村的时期。党的工作重心由乡村移到了城市……如果我们不去注意这些问题……我们就不能维持政权,我们就会站不住脚……使中国稳步地由农业国转变为工业国……中国人民不但可以不要向帝国主义者讨乞也能活下去,而且还将活得比帝国主义国家要好些。"[1]

建立国家机器

新的国家行政管理机器在1949年之后逐步建立。制度以苏联为模板,但明显携带了中国过去的遗存。在人民共和国建立的早期,行政机构的结构和职能被不断检验和调整,直到60年代中期面临"文化大革命"的巨大挑战。

中华人民共和国成立后,临时中央人民政府政务院下属的财政经济委员会(以下简称"中财委")是政府内唯一负责国家经济计划和

---

[1] 毛泽东:《在中国共产党第七届中央委员会第二次全体会议上的报告》(1949年3月5日),《毛泽东选集》第四卷,人民出版社,1991年,第1427—1439页。

建设管理的部门，相当于经济内阁。这一机构的设立基于中国共产党1937—1945年在延安的经验。中财委的主要任务是：恢复国内经济秩序、稳定货币和市场价格、建立计划经济管理机制，同时准备第一个五年计划。1949年10月以后，委员会增员至300余人，主要是地方和中央政府的经济领导人，著名的学者、科学家，以及工商界代表。这个群体受教育程度高，很多成员都具有城市背景。陈云和薄一波两位有威望的中央领导人担任主任，他们从延安时期起就在经济管理上积累了丰富的经验。值得注意的是，有超过15名前南京政府资源委员会的委员，被邀请就职于财政经济委员会。[1] 孙越崎成为委员会中央财经计划局副局长，是计划建设管理的关键人物。计划局下属的基本建设计划处管理全国的基本建设——重大投资项目建设。孙越崎开始时的一项工作是起草1951年《基本建设工作程序暂行办法》，建立国家项目建设的规范和标准。[2] 很快，这一中央领导的框架就被废弃。在1952年"反贪污、反浪费、反官僚主义"运动中，大多数先前为国民党政府工作过的领导遭到猜疑，接受严格的审查，逐渐从关键位置上离职。孙越崎在1952年自愿离开中央财经计划局，调任河北省开滦煤矿。

燃料工业部是1949年以后最早建立起来的部门之一，这意味着它对于国家发展的重要性。部门下设煤炭管理总局、电业管理总局和石油管理总局。[3] 1955年，这三个局级单位升级为部级单位，成为电力工业部、煤炭工业部和石油工业部。

新中国的第一任部长们基本上都来自农村，有着丰富的军事经验。比如石油工业部的第一任部长李聚奎是长征老兵，和彭德怀元帅一起在1928年参加革命。他来自湖南乡下的贫农家庭，不识字，也

---

[1] 郑友揆、程麟荪、张传洪：《旧中国的资源委员会（1932—1949）——史实与评价》。

[2] 中国国民党革命委员会中央宣传部：《中国国民党革命委员会四十年》，文物出版社，1987年。

[3] 陈郁是1949—1955年间的燃料工业部第一任部长。他出生于广东省宝安县（今深圳）南头陈屋村，曾参与组织1925年的省港大罢工，并从1957年起担任广东省省长和省委书记。

没有任何在城市工作生活的经验。不过，技术专家依旧在国家级、省级、地方级的政府中占有位置。这些"技术领导"的任期往往比变动大的一线政治领导更长，因而保证了领导层的相对稳定。基于他们扎实的教育背景和实践工作，这些"红色专家"向党证明了他们的忠诚，成为国家工业项目的脊梁。以石油工业部为例，副部长李范一毕业于哥伦比亚大学，先后任职于南京国民政府交通部、建设厅和教育厅。而大庆油田发现中的重要人物康世恩是典型的"又红又专"，他在30年代加入红军，并在清华大学主修地质学。首任石油工业部部长李聚奎在任仅三年，而康世恩在石油工业部门一直工作到他80年代退休。

1952年，随着国家逐渐从战争创伤中恢复，有能力开始新的建设，更多专业化的中央机构纷纷成立。最高级的行政机构国务院代替先前的政务院管理各专业部委，国家计划委员会在管理国家中央计划经济中发挥重要作用。该委员会以长远战略和综合性宏观经济问题为中心，加强对国家经济，特别是财政、物资供应和劳动力等基本要素的掌控。计划委员会的大部分成员都有地方军事和党政领导的经验，他们不是经济学家或者技术专家。高岗是中央人民政府副主席，被称为"东北王"，他成为国家计划委员会的第一任主席，委员会的成员还包括陈云、彭德怀、林彪、邓小平、饶漱石、薄一波、彭真和李富春，他们都是中共的核心领导人。这与先前的财政经济委员会的构成人员形成鲜明对照。

李四光领导的地质部建立于1952年。建筑工程部负责组织监督重大国家项目的建设，集中管理城市规划和建设。[1]

国家基本建设委员会成立于1954年，统筹全国基本建设。由于国家基本建设委员会的职能与国家计划委员会、建筑工程部的部分职能重合，部门之间进行了大量的调整工作。简而言之，国家基本建设委员会侧重建设规划，然后具体的实施交由建筑工程部组织进行。因

---

1 陈正人，又名陈林，担任建工部第一任部长，其革命生涯始于江西。周荣鑫、万里和刘秀峰担任副部长。

此，城市规划局最初归属于国家基本建设委员会，城市建设局归属于建筑工程部。国家基本建设委员会两次被撤销，一次是在1958年，被撤销了几个月，一次是在1961—1965年间。而专为支持基本建设的中国建设银行成立于1954年。

1956年，薄一波领导的国家经济委员会成立，审计查验国家年度计划的实施、协调工业部门、平衡中央部门的计划和资源，为国家计划委员会减轻负担。同时，城市建设部从国家基本建设委员会中分离出来。这一时期，城市规划与设计、建设和基础设施得到了重点关注，但是在"大跃进"之后，城市建设部被撤销。

"一五"计划

共和国为"一五"计划的提出筹备了整整五年。该计划紧抓主要工业项目来发展基础工业门类。电力、钢铁工业、矿业、机械制造业、化学工业，以及国防工业都是其中的优先项目。交通通信和矿产资源的全国调查得到了可观的国家投资，用以支持工业计划。该计划对中国的农业和农民提出了更高的任务要求。自19世纪末通商口岸开放以来，中国一直依靠进口粮食养活人民，但是"一五"计划严格规定只能进口机械设备，实现粮食自给自足的目标给已经被深度开垦的土地带来了沉重的负担。5亿中国农民不但要养活他们自己，还要支撑起工业部门不断增长的劳动人口。在沉重的人口压力下，重工业建设和技术落后的农业部门之间的矛盾，导致人均粮食供应量下降至极低的水平。为了解决这一问题，国务院首先将不同的经济部门纳入直接管理，借以提升各部门资源配置的响应速度和变通性。因此，在50年代早期，财政管理的集权、粮食配给、物价和工资管控、银行、交通、工业、贸易的国有化，统购统销，以及其他各种规定，都是为了实现这一目标。

"一五"计划要求大量能源供应，但是紧张的国际局势使得中国只能在石油资源上寻求自给自足。勘探钻井是原油生产中最基本的环节，同时也是极其困难的环节，需要高成本和重投资。勘探钻井的早

图1-5 "人海战术":"大跃进"期间北京郊区的水库建设现场(1958年。来源:玛格南图片社)

期投资对于个体企业而言无疑是过重的负担,这也解释了1949年以前石油勘探的失败。这种生产不仅仅是劳动密集型的,而且需要现代技术、先进设备和高技能人才。这一规则在中国似乎被推翻了,在先进技术和重投资的辅助下,"人海战术"在取得矿产资源勘探的成功中发挥了重要的作用。[1]

自然资源的综合勘探是"一五"计划的优先项目。在1952年底于

---

[1] "人海战术"在"大跃进"中也被广泛使用。

北京举办的全国地质工作计划会议上,陈云宣布:"地质事业在国家经济建设中已成了一项最重要的事业。"[1]这次会议的影响使地质技术人员在1953年较前一年增长了十倍的规模。巨额的投资涌入矿产资源勘探和劳动力培训中。地质勘探的投资高达17亿元。采矿机械工厂在50年代早期建成,而接受高等教育的地质专业学生数量在"一五"计划期间以每年70%的速率增长。到1957年,地质技术人员的数量已从1952年的644人,激增到19000人。[2]1949年,全国石油地质专家仅18人,钻机8台,其中包括早前被美孚公司遗弃的两台;1955年,全国有6000余名地质工作者,上百台钻机可供使用。[3]

石油勘探由地质部和石油工业部共同领导。地质部部长李四光领导了全国矿产普查委员会。该委员会的成员中,主要地质学家谢家荣、黄汲清都曾为南京国民政府工作。这些地质学家勾画出关键调查区域之后,石油工业部就派遣军队进行细致的勘探钻井工作。勘探钻井无须过多脑力劳动投入,而更多是高强度的体力劳动,很多劳动者都曾在解放军服役,接受了简单的钻探训练。

石油工业的劳动力急剧增加,石油工业部成为国家最有前景的部门之一,招聘了成千上万名年轻学生和农民作为劳动力。1952年8月1日,中国人民解放军第19军第57师改编为中国石油工程第一师。[4]这8000名士兵和军官成为石油工业钻井、勘探和建设的核心劳动力。1953年10月1日,北京石油学院建成,主要从清华大学和玉门油田调配资源。其他培训机构和学校先后在前景广阔的油田和勘探前线建立起来,以免费的学费和高额的津贴吸引学生。

---

1 夏国治、程裕淇主编:《当代中国的地质事业》,中国社会科学出版社,1990年,第35页。

2 国家统计局:《中国固定资产投资统计资料》,夏国治,程裕淇主编,《当代中国的地质事业》。

3 Chu-yuan Cheng, *China's Petroleum Industry: Output Growth and Export Potential*, Praeger, 1976, p.4.

4 《石油师人》大庆油田编委会:《石油师人——在大庆油田纪实》,石油工业出版社,1997年。

1956年全国性的大众勘探运动兴起。在50万平方公里内,超过300个石油地质构造和240个油苗被发现。西部盆地和华北平原都被宣称极具石油勘探的前景。[1]

"一五"计划期间,中国的经济情况相对乐观。1953—1957年,工业生产年均增长率达到了18.7%。钢铁和煤炭的生产总量均超过了计划增长量。[2]国家公路的里程翻倍。相较五年前,货运量增长了144%,客运量增长了159%。[3]但是,国家计划工作者仍面临一些尚未解决的重要问题。农业生产具有增—减—增的内在循环特征。收成根据气候变化而剧烈波动,而当收成显著下降时,工业生产和国家建设也不得不被大幅削弱。粮食生产增长缓慢,很难跟上工业生产的步伐。收成不好不可避免地导致粮食短缺,并导致更严格的配给和/或价格上涨。雪上加霜的是,全国人口数量急剧增长,城市人口增长率更高。1952—1957年间,城市人口增长30%,而政府的粮食收缴总量却基本没有变化。人口增长的压力进一步加剧了土地资源的枯竭。由于持续优先重工业发展,而国家用于支持农村发展的资金、资源和技术在短期内无法增加,所以不可能再从农业中提取更多的剩余价值。农业成为中国工业化道路上的发展瓶颈。

石油工业是国民经济中的另一个薄弱环节。在石油产业上的投资大大超过了最初预算:实际投资19亿元,几乎是原计划投资的三倍。但是其产出比"一五"计划的目标少了27.5%,只供应了三分之一的国内消耗。[4] 7%的国家资本用于进口石油产品。能源和工业的区域分布也不平衡。产量高的玉门油田、独山子油田、延长油田和克拉玛依油田,距离国家的工业和人口中心超过1500公里。克拉玛依油田是

---

1 温厚文等:《康世恩传》,当代中国出版社,1998年。

2 董志凯、吴江:《新中国工业的奠基石:156项建设研究(1950—2000)》,广东经济出版社,2004年。

3 刘国光主编:《中国十个五年计划研究报告》,人民出版社,2006年。

4 Cheng, *China's Petroleum Industry*, p.1.

1949年以后唯一一个新发现的油田，玉门油田依旧贡献了全国将近一半的原油产量。长途运输对于贫困的新兴国家而言是一个重要的问题。将上百万吨的原油从西部运往东部用尽了这些地区仅有的铁路运载能力。国际上，中国在50年代末与苏联的关系日益紧张，赫鲁晓夫很有可能撤回技术支持，苏联将不再向中国供应原油和石油产品。

战略转移

"一五"计划的石油生产目标未能完成，1958年的"大跃进"运动对石油政策产生了重要的影响。1956年9月，"二五"计划（1958—1962年）被提交到中共第八次全国代表大会。尽管石油工业过去表现不佳，1962年计划的原油产量目标仍旧定在了500万或600万吨，是1957年产量的3.4—4.1倍，这意味着年均增长率需要达到27.8%—32.7%。[1] 该计划很快就被放弃，取而代之更加激进的"大跃进"目标。就像其他行业一样，这场运动中石油工业的主要目标就是采用既有最快速的方法，获取尽可能多的石油。

1958年2月11日，在国防部长彭德怀的推荐下，余秋里接替李聚奎成为新任的石油工业部部长。余秋里来自江西井冈山地区，在那里毛泽东和朱德建立了第一个革命根据地。余秋里在年轻的时候就加入了红军，17岁入党，在长征中负伤，失去了一只胳膊。他在43岁进入石油工业部之前被授予中将军衔。余秋里在军队中主持了20年的政治工作。战争期间的经历证明他是一个有能力的领导人，善于动员队伍，并严守纪律。尽管没有受过正规的教育，50年代他在西南军区成功地管理了一所高级步兵学校。1955年，他被任命为人民解放军总财务部部长，该部门随后并入总后勤部，相当于军队的计划委员会。

由余秋里中将领导的新石油工业部的任务是完成国家的目标计划。到1958年，在石油工人夜以继日轮番的工作中，现有的油田已经全面投产。石油勘探人员队伍进一步扩大，劳动投入强度显著增

---

[1] 刘国光主编：《中国十个五年计划研究报告》，第52—113页。

加。大规模的群众运动成为"大跃进"的显著标志，石油工业部将这场运动进一步变成一场真正的战斗。这些动员和行动被叫作"会战"，就是各方力量汇聚一起参加战斗的意思。1958年，共36000人、916个石油勘探队伍在石油工业部工作。1958—1959年的钻井进尺超过"一五"计划期间总进尺量的124.6%。[1]1958年的钻井数是前一年的四倍。

"一五"计划期间广泛的勘探工作使中国地质学家能够更准确勾画出国家最具前景的石油地质构造。进入"二五"计划阶段，邓小平接替陈云担任国务院副总理，负责能源部门。根据余秋里的回忆录，邓小平建议石油勘探的战略重点从西部改变到东部。该建议被石油工业部切实贯彻。[2]1958年后，石油勘探机构在东北、华北、华东、内蒙古的鄂尔多斯、贵州先后成立，基础设施较好、能源需求较高的地区得到了勘探优先权。

与大西北相比，东部地区地质构造更为复杂，潜在的石油储量埋藏更深。尽管如此，过去十几年科学技术的进步，使得中国的地质学家在"二五"计划期间能够应对东部勘探的挑战。此外，苏联在专家和设备方面的援助，加快了勘探的发展进程。1955年，康世恩率石油代表团前往苏联。这一代表团不仅参观了巴库等油田和石油机构，还带回了最先进的地震仪，这对接下来几年中国石油勘探的进步做出了突出的贡献。在50年代中后期，仍有很多苏联地质专家在中国工作。

余秋里发起的第一个石油会战始于四川南充。1958年3月，四川中部的三口井成功获得高产油流。石油工业部很快成立了四川石油管理局，并从玉门油田招募了3400名工人参与四川会战。四川省政府动员了数万名工人修建道路、疏浚河道，甚至开通了一条从成都到南充的新航线。4月，全国石油工业现场会在南充召开。[3] 5月，194000

1　陈正祥：《中国的石油》，香港天地图书有限公司，1979年，第11—12页。
2　余秋里：《余秋里回忆录》，解放军出版社，1996年，第510—512页。
3　同上书，第527页。

吨的设备运至四川，68支钻井队在现场工作。8月，新建的四川石油学院迎来了第一批643名学生。短短三个月内，超过三万的劳动力被召集到了现场。四川会战发起了一波又一波动员工人、提升钻井进尺的群众运动，比如劳动竞赛、技能比武和誓师大会。

然而，四川会战在接下来几个月内并未取得好的成果。进一步的钻探一无所获，甚至早期发现的高产井的产量也自然递减。1959年，四川会战宣告收尾。但这场会战为下一场真正的战役做好了演练。

大庆：伟大庆典

位于中国东北的松辽平原，面积达26万平方公里，用地质术语介绍，这是一个大型陆相沉积盆地，处于中蒙北部构造格架。地质学家长期以来一直认为中国的石油资源仅在西北。20世纪三四十年代，美国和日本地质学家都没能在当时被日本占领的东北地区发现石油资源。因此，"二战"期间，日本军队不得不依赖合成燃料，并将前线转移到英属东印度群岛，以获取石油资源。[1]

1957年这片区域开始引起注意，随后更多的资源向该地区注入。1957年4月，松辽石油勘探大队成立，隶属石油工业部。两个月后，这个队伍升级为松辽石油勘探局。超过1000名人员从北京转移到这里。

经过几个月的勘探，该地区的地质构造已经明朗。下一步就是确定第一口探井[2]的位置，来验证地下是否存在石油。7月，松辽平原第一口探井松基一井的钻探位置被选定在了地质构造的东北部，安达附近。钻探持续了三个月，进尺达1879米，但依旧一无所获。第二次钻井尝试在东南部，但是几个月过去，这口井也失败了。由于害怕再次失败，第三口井的位置一直悬而未决，直到1959年2月才定下来。

---

1 Daniel Yergin, *The Prize: The Epic Quest for Oil, Money and Power*, Free Press, 2008, pp.351–367.

2 英语里俗称"野猫井"（wildcat），也说明了这种探井"中奖率"不高的事实。

图1-6 "一五"计划后期,松辽平原首次开展石油勘探(1959年。来源:《大庆》画报)

由于缺乏有效的运输工具,钻井队花了整整一个月才从东北部的松基一井转移到南部的松基三井,靠近一个名叫"大同"的小镇,这个镇的名字与孔夫子的"天下大同"同名。1959年4月11日,松基三井开始钻探。经过三个月紧张的钻探,终于在井深1050米处成功发现原油。这次钻探原计划需继续进行一年,达到3200米井深,以提供该地区地质构造的完整样本。但是康世恩副部长在视察过后,决定停止勘探，并立即开始试油。[1] 1959年9月26日，新中国诞生十周年前四天，松基三井喷出了滚滚原油。这一油田也因此被命名为"大庆"，来纪念10月1日即将到来的国庆大典。大庆油田是中国迄今发现的陆上最大油田，从根本上改变了现代中国的发展道路。

建设一个新中国

从清廷开始现代化尝试以来，对资源的不懈追求一直是中国历史的主题。大庆油田的发现，发生在一个重要的时刻、一个理想的地点。油田发现四年后，大庆就贡献了中国原油产量的50%，在之后30年内都是国家最赚钱的国有企业，也是中国最大的单一收入来源。没有大庆油田的发现，中国的工业化和现代化发展将面临资源上的掣肘。

这次成功的发现得益于国家建设"新"中国的持续努力。近代中国，不管是君主专制主义者、共和主义者，还是共产主义者，他们都有共同的危机意识，并认为未来的中国需要在一个工业化民族国家的坚实基础上重建。在这一共识上，尽管有起有落，民族国家建设的持续努力被一代一代延续，每一代都以国家的需要和目标为中心。1949年3月19日，在解放战争的尾声，由詹天佑创立的中国第一个工程学术团体——中国工程师学会，向国共两党领导人递交了一封公开信。信中，中国工程师学会恳切要求两军保证在战争期间不破坏工矿企业、交通和公共设施，双方共同承担保护中国重要城市建筑和生产设备的责任。该信的开头写道："倘若因为战争造成对上海等城市的重大破坏，将使中国经济倒退20年！两党将成为国家罪人！"这封信显示出中国"技术知识分子"救亡图存的强烈愿望，他们保护工业厂房和铁路，并将其作为民族复兴的重要途径。这也解释了资源委员会中许多具有社会意识的工程师选择继续留在大陆，在政权交替期间为保护工业资产做出了巨大的努力。

1　温厚文等：《康世恩传》，第106页。

中华人民共和国的成立结束了萦绕中国百年的战争噩梦。这个曾经濒临亡国灭种的国家团结起来，建成统一的民族国家，并寄望于通过工业化变得富强。随着中央政府对于战略资源的控制力增强，强有力的军队在最困难的环境下保障了领土安全，具备必要科学技术训练的工业劳动力大幅增长，这个新兴的社会主义国家有能力实现中国长久以来对能源的追求。事实上，很多中国最重要的油田发现于20世纪五六十年代。这些早期的石油勘探工作，最终使中国有能力在60年代末期发展起独立的石油工业。

第二章
先生产，后生活

晓华第一次到大庆油田时，还是个务实聪慧的21岁年轻姑娘。她有一双明亮的黑眼睛，圆润的脸颊红扑扑的，梳着长长的辫子。她是20世纪50年代少有的受过高等教育的女性，在上海著名的理工科大学——同济大学学习城市规划专业，在那里她也遇到了她的未婚夫阿松。当他们听说北方边境需要城市规划师时，这对年轻的情侣自告奋勇，希望"在一张白纸上画最新最美的图画"，为祖国建设一座社会主义石油新城。

晓华是来自民国故都南京的城市女孩。她的父亲曾为国民政府工作，所以她的家庭成分被定为"职员"，处在社会成分鄙视链的下端。阿松出生于浙江温州的一个商人家庭。一条长江将中国划分为南北两个不同社会、文化和地理的区域，他们都是长江以南的南方人。在五六十年代，所有的大学毕业生都由国家分配工作。拒绝接受国家分配，通常意味着失去专业发展的可能性。晓华和阿松自愿前往大庆油田，也是希望消除他们家庭背景的不利影响。同时他们考虑到，到国家的工业化前线工作，是他们能在一地共同生活的最好机会。

北上之前，晓华回到南京向父母告别。母亲已经六十多岁了，送小女儿去如此遥远的地方工作，心中悲戚。晓华安慰母亲说，她每年都能回家探望，根据国家规定，未婚职工每年能给三周探亲假。但这没有缓解母亲的难过。

那年夏天，晓华的父亲遇到了倒霉事，整个家庭氛围沉重。他在南京明故宫旁的一个邮亭工作，当时这片区域人员稀少，工作人员只有父亲一人。一天，快下班时，晓华的父亲发现绑在他自行车后架的邮袋不见了，袋子里刚巧装着他当天收的3000元汇款。这对他们家而言是一笔巨款。由于没有证人，她的父亲无法证明自己的清白，所以必须赔偿全部金额。邮局将每个月从他60元的工资中扣除30元，直到金额完全还清。在晓华的儿时记忆中，父亲总是愁眉苦脸的，但这是第一次看见他真的流下了眼泪。她答应每个月寄回家里30元，直到欠款还清。这个瞬间她第一次感觉到独立女性的责任。

离家使北上的旅程充满了挥之不去的悲伤。1962年10月，晓华没有让母亲陪她去长江北岸的浦口火车站，因为她不想看到母亲的眼泪。但是，如果她知道下次再见母亲是五年之后，那她一定会让母亲送她这一程。

阿松在浦口和她会合，他们一起乘坐津浦线前往天津。津浦线是当时中国最繁忙的铁路之一，连接天津和南京城外的浦口。在1968年南京长江大桥建成前的几十年里，所有京沪线的旅客和货物都必须在浦口停车，乘轮渡渡过长江，再登上去往上海的火车。天津和北京之间的旅行也是如此。当晓华和阿松到达天津时，政府招待所所有拿着官方派遣证的毕业生提供免费住宿。

在招待所的食堂里,晓华第一次吃到了窝窝头。很多人告诉她北方的食物"难以下咽",但是晓华喜欢这味道。这对情侣第一次来天津,所以他们决定多花一天时间逛逛这个城市。他们憧憬着即将在国家北部边疆开始的新旅程,心中既兴奋又紧张。

第二天,他们登上前往哈尔滨的火车。这段旅行长达20个小时。绿皮火车里塞满了乘客。随着他们越行越北,外面的天气也越来越冷,火车窗户被牢牢关上,车厢的空气里充满了各种味道。火车发出催眠的咔嗒咔嗒声,晓华的脑袋越来越沉,她靠在阿松的肩膀上,最后在冷硬的座位上睡着了。阿松在去往哈尔滨的路上全程保持警惕,盯着头顶行李架上的两个箱子,里面是他们的全部家当。

黎明时分,火车终于抵达哈尔滨。哈尔滨火车站还没有完全建成,未经粉饰的砖墙上本应装有门窗的地方洞开着。他们听说,因为车站的设计被批评追求"大、洋、古"而被勒令停建。两人从火车站前的街边小贩手中买了一份热乎乎的早餐吃,随后又跳上火车开始下一段前往安达的旅程。

夜幕降临时,售票员喊道:"前往安达的乘客,现在准备下车!安达要到了!"阿松掏出报到证,对上面的地址感到困惑:"黑龙江省第十五农垦场。"直到1964年,大庆油田的发现一直是国

图2-1　晓华(第一排戴草帽者)和阿松(晓华身后穿衬衫的男子)与同学们在下乡活动时合影(1959年。来源:晓华)

家机密。家人只知道他们被分到黑龙江的国家农场,靠近中苏边境。毕业生们被通知前往安达市报到。阿松对售票员出示了报到证,问他们是不是要在这一站下车。

年轻的售票员看了一眼,很肯定地回答:"你们在下一站下车,萨尔图。补一下车票吧,两张再多交1元2角。"他补充道。

晓华和阿松翻遍口袋只找到5角钱。他们的毕业派遣费是精打细算刚够这段旅程的,在天津多吃的三顿饭让他们超了预算。

图2-2 晓华(第一排左三)和阿松(后排站立者左一)与同学们在下乡活动时参照《柳堡的故事》在上海松江桥上合影(1959年。来源:晓华)

售票员同情地摇了摇头说:"学生?算了算了,到萨尔图我会喊你们下车的。"

一个小时后,他们和一大群青年男女一起,在一个前不着村后不着店的地方下了车。

临近午夜,迎接他们的只有黑暗和寒风。火车开走了,留下一团烟雾。他们什么也看不见——没有车站,连一个标志都没有。一些人很快就从铁路边上一个扯开的铁丝网缺口处消失了。晓华和阿松不知道要不要跟着他们走。突然有人站在他们前面:"你们是新分来的大学生吗?"他问。阿松放下行李箱,拿出了报到证。

男人很快地扫了一下证件,安排道:"跟我来。"

黑暗中,他们很难看清男人的脸,但是不曾有丝毫怀疑。这个时期,人们相互之间有着最基本的信任——这种信任直到多年后才变了味。他们拿起行李箱,毫无二话地跟上了男人。他似乎很适应不开手电筒就在野外行走,但是晓华和阿松走得很笨拙,不时被坑坑洼洼的地面绊倒。人们很快超过了这两个笨拙的南方人,有说有笑。晓华可以看到远方有微弱的红色灯光在闪烁。

最后他们到了微弱的红色灯光处,那是破败的庭院围起的一片土坯房。从设计师的角度看,这土坯房建得太奇怪了,就像乡下男孩捏的泥巴,没有任何直角,墙立得颤颤巍巍的。房间里,炕占了超过一半的空间。这是北方一种泥和砖砌成的炕,炕底安了火炉。一个从天津大学建筑专业毕业的年轻女人躺在炕上。已经深夜,晓华和她简单交流了几句,也爬上土炕睡在她旁边。晓华实在是太累了,即使棉被有股奇怪的味道,她还是很快睡着了。突然之间,晓华被室友的尖叫声惊醒,一只老鼠在咬她的鼻子!两个女人坐了一会儿,不知所措,然后又睡了下去,这次她们留了一盏灯。

钻探在松辽平原继续进行着。1960年的新年，南部的探井带来了更多好消息。1月7日，余秋里前往上海参加中央政治局扩大会议。

"你那里有没有好消息啊？"余秋里进入房间的时候，毛主席问。

余秋里很有信心："从目前的勘探情况看，松辽有大油田。"

毛主席惊讶地反问："有大油田？"

余回答："是的，我刚从黑龙江回来。留有余地地说，有可能找到大油田；大胆地说，大油田已经找到了！我们正在加紧勘探，半年左右就有眉目了。"

"好哇，能在半年内找到也好啊！"主席回应。[1]

1960年，石油短缺影响了工业生产，威胁着国家安全。中国一半以上的原油都是进口，大多来自苏联。中苏交恶之后，从苏联进口的原油无法得到保障，而且由于巨额的外汇支付，国家面临财政危机。许多交通工具不得不采用其他替代性燃料，比如木炭、酒精或者煤炭。军用燃料基本上全部依赖进口，所以需要大量燃料供应的大规模军事行动越来越难以维持。燃料的严重短缺甚至影响了飞行员的训练和空军的日常任务。[2]

1960年2月，石油工业部在松辽盆地南部划定200平方公里的区域，发现了超过一亿吨的原油储量，相当于新疆克拉玛依油田的储量。并且，原油可能不仅存在于南部，还存在于更大的2000平方公里的范围内，也就是所谓的松辽背斜。就已有的进度，全面规划还需花费一年时间。由于国家能源危机，在领导人的坚持下，石油工业部决定集中力量，大力开展全国性会战，尽快完成全面勘探，力争年内实现油田投产。

---

[1] 余秋里：《余秋里回忆录》，第596页。

[2] 温厚文等：《康世恩传》。

大庆战区

松辽平原是石油开采的理想地点。这里不仅矿产资源丰富，而且土地异常肥沃，适合粮食生产。平原地处中国工业化程度最高的东北地区，通过密集的铁路网络，有效连接起中国的工业中心和主要的苏联援建项目。在20世纪50年代末，此地依旧人烟稀少，在人口众多的中国极不寻常。

由于其重要的战略位置和丰富的自然资源，东北地区曾是中国汉族人、满族人和蒙古人、朝鲜人、日本人、俄罗斯人几个世纪以来冲突的战场。1668年，康熙皇帝下令禁止东北的开发，他认为这里是满人最初的故土，希望将其作为文化和经济遗产加以保护。因此，对于满人而言，东北是一片辽阔的狩猎场，几百年来几乎无人定居。柳条边墙竖起，不仅将其从大陆中孤立出来，同时也将其与蒙古隔绝。然而，由于中国北方快速增长的人口压力，以及受旱灾和饥荒等频繁灾害的影响，多年来东北出现了周期性的非法移民潮。从18世纪中期开始，北京及其周边的旗人变得越来越懒惰和贫穷，他们被要求回到东北耕种田地。汉人被旗人带去移民，成为当地的佃农。

19世纪中叶，在将阿穆尔河（黑龙江）以北、乌苏里江以东约3.5万平方公里的土地割让给俄国之后，清政府向移民开放了这片肥沃的土地，希望以此遏制俄国在远东日益增长的领土野心。然而几年后，中国又面临另一个咄咄逼人的区域强国——日本。日本在第一次中日甲午战争中取得胜利，获得了朝鲜半岛。1890年3月，未来的沙皇亲自启动了西伯利亚铁路的建设，将俄国在亚洲的新领土与在欧洲的大本营连通。1896年，清廷同意将阿穆尔河以南的土地租给俄国，以便修建一条通往太平洋新港口城市符拉迪沃斯托克（海参崴）和西伯利亚赤塔的便捷线路，同时发展中俄关系，以抵抗日本在东北的侵略。由于清朝著名的外交家和政治家李鸿章的坚持，这条铁路被命名为大清东省铁路，简称中东铁路。租约包括铁路沿线通道和重要火车站附近的居住区。东北的铁路建设连带发展了很多铁路城市，比如黑龙江省会城市哈尔滨，同时将俄国的影响延伸到了更南边。1898年，在俄国舰队的威胁下，清廷和俄国签订另一条约，将大连及其周边的辽东半岛租给俄国，作为其在太平洋沿岸唯一的不冻港。

1904年日俄战争爆发，双方都想获得中国东北的控制权。这场战争耗尽了日本的军事资源，点燃了俄国的内部革命，同时改变了东北亚地区乃至亚洲的区域权力结构。1905年，经历了19个月的激烈战争后，日俄签订了《朴次茅斯和约》，俄国将其所有在中东铁路以南的权益转让给日本，包括辽东半岛的租约——即后来的关东租界——以及俄国建设的中东铁路南段，包括邻近的铁路附属地。中东铁路以北的控制权在中国、日本、俄国（后来是苏联）之间变动频繁。对港口设施、交通网络和重工业的殖民投资完全改变了这个原本不发达的地区。中国和日本的铁路及轮船公司竞相赞助，通过打折或者免费吸引移民来到东北。据估计，20世纪早期，每年有50万至100万中国人

图2-3 一艘载满山东移民前往关外的船（1927年。来源：日本现代图书馆）

图2-4 位于辽东半岛的亚瑟港（今大连旅顺港）（20世纪30年代。来源：日本现代图书馆）

先生产，后生活

涌入东北,是中国历史上最大的移民潮之一。[1]与此同时,为了逃离布尔什维克政权,越来越多的白俄家庭进入东北北部,朝鲜人及日本人移民到东北南部和东部。到1930年,东北人口从18世纪中叶的300万到500万增长至3000万,超过一半的人口定居在东北南部。

  铁路附属地成为大规模城市化和工业化的场所。"满铁"(全称"南满洲铁道株式会社")不仅是一家殖民铁路公司,同时在租界和非租界区内拥有并经营大量财产。"满铁"创办了大量新兴产业,建立自己的研究部门,开展广泛的经济和科学研究。[2]1932年,日本声称东北独立,建立了伪满洲国,立末代皇帝溥仪为傀儡统治者,并将伪满洲国作为一个现代"独立"的民族国家向国际社会展示。1933年,关东军完全控制了包括吉林、辽宁、黑龙江和热河在内的东北地区。为了支持日本泛太平洋扩张的野心和战争,伪满洲国实施了一系列实验性的国家机器控制下的工业化计划,并在这片土地上广泛建立了工业基础设施。[3]

  尽管遭受了战争和政权更迭的破坏,日本在该地区的投资却在无形中帮助新中国在"一五"计划期间建起中国第一个工业基地。1947年,东北拥有占全国一半以上的重工业,生产全国87.7%的生铁、93%的钢、78.2%的电力,以及66%的水泥。1949年,中国铁路总里程的42%位于东北。[4]最早由"满铁"建造的鞍山钢铁厂在大庆油田发现之前,一直是国家最重要的工业企业。"一五"计划期间,该地区继续获得最大份额的国家投资。苏联援建的156个重工业项目建设期

---

  1 Mariko Asano Tamanoi, *Crossed Histories: Manchuria in the Age of Empire*, Association for Asian Studies and University of Hawaii Press, 2005, p.5 ; Ping-ti Ho, *Studies on the POPULATION of CHINA 1368 — 1953*, Harvard University Press, 1959, p.162.

  2 Louise Young, *Japan's Total Empire: Manchuria and the Culture of Wartime Imperialism*, University of California Press, 1999.

  3 Ibid.

  4 董志凯:《1949—1952年中国经济分析》,中国社会科学出版社,1996年,第27、41页。

图2-5　伪满时期的抚顺矿坑（具体年份未知。来源：日本现代图书馆）

间，44%的投资直接用于东北，建造了54座新工厂。1960年，除了东海岸的上海，东北是中国工业最发达的地区。就像邓小平评价发现大庆的好消息那样："这是最理想的。"[1]

全民动员

即使有先进的基础设施，要让大庆油田在年内投产仍是一项巨大的工程，这需要投入成千上万的劳动力、数百万的资金，

---

[1] 温厚文等：《康世恩传》，第88页。

以及大量的钢铁、管道、电缆、水泥和机器。在社会经济发展严重受挫之际，这项工程考验着这个年轻共和国的能力。"大跃进"的错误抹杀了几年来的进步。而经受住检验的国家机器，被证明是持久而稳固的。

从北京来

大庆会战在中央和地方两个层级展开全面动员。1960年2月6日，余秋里向国家计划委员会主任李富春和薄一波递交报告，要求在年度计划之外追加投资，并为石油会战提供后勤支持。李富春和薄一波将这一要求转达给主管能源部门的副总理邓小平。邓小平要求石油领导人直接向周恩来总理和中共中央委员会汇报。2月20日，在收到报告七天后，中共中央委员会同意了提案，并将报告转发给了中共中央华北局、黑龙江省、国家计划委员会、国家经济委员会、国家建设委员会、地质部和其他相关部门以及地方政府，要求所有部门和各级政府提供全力支持。[1] 十天后，国家计划委员会、国家经济委员会和国家建设委员会联合电告冶金工业部、水利电力部、农业机械部、对外贸易部、交通部、第一机械工业部（国防工业），以及上海和黑龙江两省，提出需要19000吨钢材、6000千瓦发电机组、100台机动卡车、30辆吉普车、60辆拖拉机、50台机床、2台压路机、1万吨水泥、4000—6000个工业轴承以及数百万平方米的木材。3月9日，薄一波召集相关部门和地方政府领导人，召开会议支持大庆会战。3月21日，中央政府总计4亿元的计划外投资及57000吨钢材均已发出。[2]

石油工业部还调动其军事关系，向大庆输送更多的战略资源。1960年2月，石油工业部致函解放军总参谋长罗瑞卿大将，请求将三万士兵、军官调往大庆。几天后，余秋里飞到广州，毛泽东和罗瑞卿在那里参加中央军委扩大会议，余秋里当场得到许可。2月22日，

---

[1] 温厚文等：《康世恩传》，第88页。

[2] 余秋里：《余秋里回忆录》，第610—611页。

《中央决定动员三万名退伍兵给石油部的批示》印发。这次动员还包括了3000名参加过朝鲜战争的老兵。这三万余名退伍官兵成为大庆会战建设和运输方面的核心劳动力。沈阳军区的军队在早期建设中帮忙修建道路、供水基础设施、住房，并铺设电缆。他们从解放军处收集到许多稀缺资源。余秋里回忆起，在大庆油田电焊条严重短缺时，他又去找了罗瑞卿。罗瑞卿回答："想要什么就从我们库房里拿。"随后立刻调用空军飞机运送五吨焊条到大庆。[1] 他们用同样的方法从解放军通信部门获得了100千米的电缆。

为了响应号召，铁道部在哈尔滨设立支援大庆会战指挥部，以保障今后几个月成千上万吨的设备运输和前往大庆的数十万人口流动。中东铁路原是19世纪初期由俄国人建造，用来运输他们的物资和士兵的，现在被命名为滨洲铁路，成为大庆会战的重要交通线。安达和萨尔图是油田范围内曾经最低等级的火车站点，现在被升级为二等站，以适应与日俱增的交通需求。让胡路和卧里屯增加新的车站，萨尔图原先的三四条线路很快就增至23条，用以接收物资和军队。1960年，四个车站每天装卸的车厢数量超过1959年的全年总量。每年有超过70万的人通过铁路来到大庆。1964年，铁道部开通了一条从让胡路到通辽138公里的新线路（让通线），来缓解滨洲线的交通压力，同时在让通线上新增15个站点，更好地服务石油战线。[2]

1960年春，在永久性电网安装之前，水利电力部给油田送来四套列车电站。1961年，让胡路建起巨大的110千伏变电站，由齐齐哈尔富拉尔基热电站供电，该发电站是"一五"计划期间建立的156个重工业项目之一。1962年，龙凤热电厂和新华电厂投用。

在供水系统建成之前，耗水的钻井作业依赖松辽平原丰富的天然池塘和湖泊。油罐车将水运往生产前线，第一批钻机很快就在靠近水源的地方就位。

---

1 余秋里：《余秋里回忆录》，第886页。
2 王云山主编：《大庆铁路志（1897—1984）》，大庆铁路修志办公室，1985年，第9页。

到前线去

黑龙江省政府成为这次会战的"地主"。省里很快得知松基三井钻探成功。1959年11月7日,省委书记欧阳钦、省长李范五和其他省厅官员一起,考察大同乡附近的钻井现场。当时的大同只有500户人家,住在原始的土坯房里。省领导预见到未来大同可能成为一座重要的石油城市。由于山西省已经有了一个大同市,所以欧阳钦建议将未来的石油城市命名为"大庆"。

黑龙江省政府承诺立刻开展基础设施建设,为接下来的石油会战做好准备。欧阳书记将发现大庆油田视作黑龙江省工业化和农业机械化发展的重要机遇,特别是该地区"已经具备发达的工业和方便的交通条件"。[1] 1959年10月2日,松基三井钻探成功的一周后,黑龙江省委批准将黑龙江建设成为新兴石油工业基地。该决议包含在未来一段时间建设炼油厂和相关工厂的计划。支援石油会战领导小组成立,由省长和副省长负责安全、粮食供应、公共服务、能源供给、道路建设等工作。

1960年2月21日,康世恩在大庆以东159公里处的黑龙江省会城市哈尔滨,组织了大庆会战第一次筹备会议。中央和地方政府的各部门代表参会。石油工业部将其办公场所转移到现场。康世恩副部长被任命为大庆石油会战领导小组组长,时任地质勘探司司长唐克和时任石油工业部机关党委副书记吴星峰为副组长。半数部级干部工作在会战前线。领导小组成员是来自独山子、玉门、松辽、川中等石油部门的主要领导。会议宣布动员现有石油部门、工厂、机构和学校等37家单位最优秀的人员、最好的设备参加会战。会战按照军事行动组织,大庆油田被划分为五个"战区":南部的葡萄花、太平屯、杏树岗,中部的萨尔图,以及北部的高台子。每个工作单位被指派到特定的战区,比如四川石油管理局负责萨尔图区域的开发。石油工业部为会战设置了严格的时间线:所有单位都必须在两个星期内配齐"部

---

1 余秋里:《余秋里回忆录》,第887页。

队"和设备；必须在4月前加入"战斗"；5月前为油田的生产做好准备。所有钻井工人、设备队伍和总部机关都要求在3月15日前到现场报到。3月3日会议结束，解放军派空军护送各地参会领导返回驻地，在传达会议精神的电报送达前，领导们已经先行到达工作岗位。大家全速工作，为东北大会战做好准备。

成千上万的人员和机械通过滨洲铁路被送到松辽平原。安达和萨尔图这两个最靠近油田的火车站变得异常繁忙。3月15日，仅两周时间内，火车已经运送了12000名工人和士兵。大同和安达的几个小镇

图2-6　石油大军抵达安达站（1960年。来源：《大庆》画册）

图2-7 滨洲铁路沿线积压的货物靠人拉肩扛卸货（1960年。来源：《大庆》画册）

先生产，后生活

从原来的百余名农民人口，发展到集结了数万名石油工人、战士、地质学家、工程师和党的干部。由于油田内50公里长的铁路装载能力有限，上万吨重型设备经常只能被简单地推下铁路，丢弃在空旷的田野里。[1]

黑龙江省支援办在安达和萨尔图火车站设立临时接待处。民政局和人事部将第一批士兵和干部组织成12支基建队伍。该地区所有可用的住房，包括当地农民的窝棚、牛棚和仓库，被登记分配给即将到来的部队。当地居民提供住宿后能收到租金，同时他们也被动员来开展会战的后勤工作，比如提供食物、衣物和水。

1960年3月11日，石油工业部总地质师李德生向康世恩报告最新的勘探结果：松辽盆地北部（萨尔图附近）可能存在比南部（大同附近）更有前景的油田。1959年10月，余秋里决定在萨尔图附近进行几次试钻。通常情况下，试钻会从大同附近的第一个成功点逐步扩大范围。但是，余秋里决定立刻让几组钻井队北进。有滨洲铁路穿过的萨尔图比大同更具区位优势，在大同，工人们需要走上一整天才能到达最近的火车站。既然铁路经过萨尔图，那就不需要再等公路施工完成，油田的发展也不会因必要基础设施的建设而延迟。余秋里在萨尔图附近开始钻探的大胆举措被证明是一个幸运的决定。

收到这个好消息，从新疆、甘肃玉门和四川来的最优秀的钻井队伍，收拾好他们的设备前往北面70公里处的萨尔图。从安达火车站开往大同的队伍掉头向北。大庆会战指挥部同样（从大同）迁往安达，一个月后进驻萨尔图。

1　余秋里：《余秋里回忆录》，第887页。

另类景观

早晨等晓华醒来的时候，室友已经离开了。晓华和阿松在院子里见面，这里只有简单的桌子和长条凳，用作临时的食堂。阿松给两人拿了玉米粥和深色的窝窝头作早餐。窝窝头像石头一样硬。晓华咬第一口的时候就皱起了眉头。她放下窝窝头，喝起了玉米粥。

登记办公室距离宿舍只有几分钟的路程。在不到十分钟的时间里，他们的命运被决定了。阿松被分配到位于油田中心萨尔图的会战指挥部工作。晓华被分配到设计院，该院刚刚迁至滨洲铁路沿线的让胡路火车站，距离萨尔图有20公里。晓华尽管很不好意思，但还是鼓足勇气问两个人能不能分到同一个地方。答案当然是不行。办公室解释，总部机关的工作需要长途跋涉和户外野地工作，对女性而言太辛苦，设计院更适合她。

"你们可以坐萨尔图和让胡路之间的交通车，免费的。"接待员补充道。

在办公室外，他们遇到了同学冀南。在1960—1962年的"三年困难时期"，大庆是唯一几个依旧接收大学毕业生的地方。晓华和阿松知道同济大学至少有20名学生被分配到大庆油田。冀南提前到了几天，也被分配到了设计院。他已经拿到了第一个月的工资。

"我现在发财了！"冀南骄傲地宣布，并拍了拍他的制服，一件竖条纹缝合的暖和的棉质外套，石油工人都叫它"道道服"。

刚"发财"的冀南高兴地给他们买了火车站旁边的烤土豆。走在路上，冀南带他们看了附近的几个院子，1号院、2号院和3号院。大多数房子都是由泥和干草垒成。2号院是阿松即将工作的指挥部机关。新铺的一条土路平行于滨洲铁路，连通总部和沿途的新建筑。

这是一个大晴天。晓华可以清晰地看见远处天地相交的地平线，这是她在上海或者南京看不到的景象。一些农民在卖活禽、谷物和土豆。冀南花了一元钱，相当于半天工资，买了四个烤土豆。当地产的大土豆吃起来很美味。1962年，大多数中国人依旧面临饥饿，城市居民的食物被严格配给，这样的烤土豆已经是很好的招待。大庆新毕业大学生的工资几乎是国家标准工资的两倍，同时还有偏远地区工作的补贴。但是，家庭主妇基本没有工资，再加上一般家庭有三四个孩子，因此很多大庆工人家庭依旧难以维持生计。在"大跃进"期间，肥皂、蔬菜等日用品的价格几乎翻倍，甚至有市无价。1962年，大半当地家庭每月的收入少于15元/人的最低生活工资。因此，支出被严格控制在购买粮食上，通常只买主食。桌上是否能有蔬菜和肉取决于家庭主妇的农业劳动所得。

下午，一辆卡车载着晓华和办公桌椅，驶往让胡路的大庆设计院。车开得很快，晓华被挤在家具的后面，就像一粒在筛子上翻来覆去的米粒，感觉很难受。太阳渐渐消失在乌云后面。这里有一片片白色的盐碱地和水塘，当地人称为"水泡子"，和大片的草地一起，在草原上绵延不绝。四五十分钟后，卡车终于到了让胡路。这里看起来和滨洲铁路沿线的平原一样，和萨尔图也没什么差别。一条新的公路已经建起来，连接到南部大同的钻井前线。两个研究型单位在这里落户：大庆设计院和大庆石油地质研究院。晓华发现这些房屋都是崭新的，砖木结构加泥墙，粉刷得干干净净。这是她当天见过的最好的房子，比路上经过看到的那些土坯房、活动帐篷、谷仓、牛棚和地上奇怪的洞穴（地窨子）好多了。

家具都卸下之后，晓华费劲地从卡车上爬下来，伸了伸冻僵的四肢。她注意到房屋的入口都垂着厚厚的被子，这是北方常见的一种

图2-8　晓华身着"道道服"，胸前印有"农垦"字样（徐可摄，1966年。来源：晓华）

做法，用来防止冷风灌入屋内。设计院内有八个部门：一室是龙头室，搞油气运输，其余是采油注水和给排水、机械、土建、电气、化验、勘测，以及总体室。晓华被分到土建室。她的同事大多和她差不多年纪，也是刚毕业的大学生。她前一天晚上碰到的年轻女子也在这里。一些有工作经验的高级工程师三十多岁，一般来自北京、甘肃玉门、四川或新疆的设计机构。

部门领导来自北京的石油工业部。他欢迎晓华："你来得很巧，我们刚从萨尔图搬过来。其他单位都羡慕得不得了，说全战区我们条件最好。当然，这个条件和城市不能比，你要克服一点啊。"

一个叫小钟的姑娘帮晓华领来了劳保服：一顶能耷拉下来盖住耳朵的皮帽子，一双厚厚的大头鞋，一席草垫子，一套黑色道道服，还有一件长款的军绿色棉大衣。接下来几年，晓华将穿着这些制服度过大庆漫长而又寒冷的冬天。裹上制服，谁也分不出性别和名字。

在晓华要去宿舍前，部门领导叫住了她："有件事你要知道。根据战区规定，我们休'大礼拜'，就是每十天休息一天。"

糟糕，晓华想，我要十天才能见阿松一面。

"明天就是大礼拜，我们打算用这天来搬家具。"领导又说。

晓华明白了：十天也未必能去一趟萨尔图。

萨尔图第一次出现在历史地图上是在1910年，俄罗斯人通过西伯利亚铁路连接了符拉迪沃斯托克（海参崴）和莫斯科。"二战"结束时，这一地区只有150户人家，很多是白俄农民。[1]1949年以后，解放军建立了红色草原农垦场，接收退伍士兵，戍边垦荒。

萨尔图在蒙古语中意为"多风之地"，在满语中意为"大酱罐"。萨尔图确实是一个多风、多沼泽、多蚊虫的草原，人类定居点稀疏而分散。3月，卡车和吉普车可以任意在混凝土般僵硬的冻土上行驶，但住房是个严峻的挑战。从大同突然移往萨尔图，几乎没有时间建设更多的房屋。有限的活动板房和帐篷给前线的钻井工人和勘探队伍优先使用。在固定地点工作的人，比如指挥部领导、设计院的工程师、建筑工人和其他后勤人员，分散居住在既有的村庄里，在农民的房屋、牛棚，以及没什么遮盖的地窨子里。2号院就是一个大牛棚，专门留给指挥部的首长们。

夏季常常是倾盆大雨。降水有利于钻井，但是不利于运输。平原泥泞成松软的草原，对机动车而言处处都是陷阱。完成公路网建设是优先的工作，确保年底油田投产。松辽平原的冬天早在9月就要到来。不提供必要的遮蔽，一场暴风雪就会带来灾难性后果。1960年，正值三年严重困难时期，许多工人家属来到油田寻求家里男人的帮助，食物不足、住所窘迫。大庆领导人拒绝了将部队撤回哈尔滨、长春等邻近城市过冬的想法：回城过冬意味着只剩六个月时间用来建设，石油生产也会因此延迟。余秋里曾在残酷恶劣的条件下领导过多场战役，在长征中失去了一只胳膊。他认为，撤退比被打败更可耻。余秋里在北京的办公室斩钉截铁地告诉康世恩："这次会战，只许上，不许下；只许前进，不许后退！无论遇到多大的困难，也要硬着头皮顶住！"[2]

---

1 大部分的白俄农民在1952年中苏协定签署之后被遣返回国。

2 余秋里：《余秋里回忆录》，第670页。

图2-9 第一批石油大军驻扎在松辽平原(1960年。来源：《大庆》画册)

图2-10 解放军参与大庆建设(拍摄年代未知。来源：《大庆》画册)

临时安家　共同建造

有什么办法能够在短短三个月时间内，为所有的工人和家属盖起房子？指挥部从哪里去找足够的劳动力？黑龙江省委书记欧阳钦建议，石油工人家庭可以就地取材，自己建造临时住所。大多当地人居住的房屋就是用泥土和干草垒成的，俗称"干打垒"：把黏土和干草混合，倒入木框中，反复敲打，使它足够坚固，可以竖立起来做墙。屋顶用一层层的干草堆叠而成，之间涂抹泥土用以加固。这种房子有厚实的土墙和泥草屋顶，室内有炉火取暖，足够抵御北方严酷的冬天，在夏天还能保持凉爽。除了窗户、门和横梁必须用木材外，"干打垒"主要利用当地的泥土和干草建成。像农民一样，工人们可以在业余时间盖房子，不需要专业的训练和工具。

在欧阳钦的建议下，"干打垒"建设指挥部成立，由石油工业部副部长孙敬文直接领导。孙敬文早先在城市建设领域工作了六年，曾

图2-11　青年工人建造"干打垒"（拍摄年代未知。来源：《大庆》画册）

是建筑工程部城市建设局的第一任局长（1953 — 1955年），后来成为新成立的城市建设部副部长（1955 — 1958年）。[1] 指挥部创设了"干打垒"青年突击队，在萨尔图北部的第一采油厂附近，建造了几千平方米的实验性土坯房。从当地农民处学到技术后，突击队编写了建筑手册和指南，并为大规模建设准备了基础的建筑工具。青年突击队召集了所有共青团成员和年轻工人，让他们在业余时间加入"共青团志愿者"建造"干打垒"。附近的大兴安岭林场可能是中国木材资源最丰富的地方，提供了充足的木材。所有的大庆工人、工程师和干部都加入到这场建筑运动当中。他们白天忙着石油生产，夜晚的油田就变成繁忙的建筑工地。很多工人为了他们的家人和同事盖房子，一直工作到半夜。临时房屋的建造没有总体规划，每个单位都选择建在他们工作地点的附近。

6月1日开始，每个单位都组织了专门的建设队伍来加快"自助"建设的过程。他们从山林处运出木材，帮忙做门、窗和干草束——这些工作技术要求更高。当地政府和解放军同样参与其中。沈阳军区帮助烧造了605万块土坯砖，黑龙江省提供稀缺的木材资源。[2]

10月中旬，当第一场雪落在草原上，22万平方米的"干打垒"已经建设完成，尽管半数的房子还没有完成窗户和屋顶，但也能勉强为3万人提供居所。11月，住房建设"大干快干120天"后，剩下的1万名住在帐篷里的工人和员工，都搬进了温暖安全的"干打垒"。根据石油工业部向国家计划委员会递交的报告，"干打垒"的建设成本少于30元每平方米，没有算入工人、士兵、家属、工程师和干部的义务劳动。而在国家的其他地方，每平方米的住宅造价标准是200元。在会战期间，"非生产性"的住房投资仅900万元，低于大庆总投资10亿元的1%。这远比国家其他项目的"非生产性"投资少，该平均投资在

---

[1] 参见中国中共党史人物研究会编《中共党史人物传》第75卷中徐振、李维谌的《孙敬文》，中央文献出版社，2000年。

[2] 余秋里：《余秋里回忆录》。

1957年占9.3%，在1958年和1959年占3%—4%。[1]

抗击饥馑　联合妇女

伴随着大雪到来的是蔓延的饥荒。1960年9月，严酷寒冬来临的前夜，黑龙江省政府发现其粮食储备已经耗尽，而工业大军的粮食需求却在激增。因此，省里给党员干部的粮食供给大幅减少，每月约13.5公斤，节省下一小部分粮食留给石油工人。钻井工人可以得到补助津贴，每月粮食供给达到22.5—28.5公斤；采油工人分配到16—22.5公斤的粮食。[2]其他副食，包括蔬菜和肉，完全从人们的饮食中消失了。然而，即使大幅缩减，大庆食物供给依旧朝不保夕。而且很多工人需要将他们有限的食物分给跟着他们来到东北的妻子和孩子们。1961年春天，大庆驻有6900个家庭。人们拼命寻找食物来补充有限的口粮。当地黑市的食物价格直线上升。几乎大半的大庆人用他们的衣服、收音机和自行车来换得口粮。[3]不久之后，油田被厚厚的冰雪覆盖，人们再也不能在这片草原上找到任何食物。很多人因为营养不良而患上了浮肿。据报道，1960年底，大庆有4600多人出现四肢浮肿。

1961年1月，康世恩被召回大庆油田，他发现钻井前线的效率被饥饿严重耽搁。根据钻井总部的报告，八百多名工人在新年动员大会后偷偷返乡；很多人提交了病假申请并等待审批通过。余秋里利用他在解放军的个人关系和地位，确保每月能多调拨给大庆75000公斤的粮食，每个工人每月额外有1.5公斤大豆，但这依然远远不够。

在每个单位，食堂的供应都是领导关注的重点。所有负责干部都被要求学习如何做饭、如何最大化利用食材。食堂被严格监管，以保证食物的质量。全年大庆都在举办关于食堂烹饪的各种展览和会议。

1　余秋里：《余秋里回忆录》，第673—674页；以及薄一波：《若干重大决策与事件的回顾》下卷，中共中央党校出版社，1993年，第885页。

2　温厚文等：《康世恩传》，第132页。

3　余秋里：《余秋里回忆录》，第676—677页。

很多工作单位用野菜和谷物创新食谱。

  康世恩从前线撤回了20%的劳动力，并为病人提供额外的食物供给。剩下的工人被动员参与抵抗饥荒的运动。和石油会战的模式相同，人们组织成专门的小组去打猎、捕鱼、挖掘和开垦。在接受简单的训练之后，他们前往那些在群众动员会上被分为不同"战区"的平原。1月15日，由100名退役士兵组成的第一狩猎队前往大兴安岭森林。其他能力较弱的队伍——基本都有百余人——去找兔子、狐狸、鸟、鱼、老鼠、野菜，以及所有草原上能吃的东西。找到的东西大家一起共享，指挥部负责收集食物，然后平均分配给所有单位。

  1961年的春天，农村出身的家庭主妇们拿起锄头，开始开垦附近的土地来减轻家庭的负担，给她们饥饿的孩子们提供食物。她们的丈夫在结束白天工作后会帮着一起干农活。指挥部欢迎这种开垦荒地的做法。大庆官方内部报纸《战报》开始发布关于农业和开垦的建议，鼓励家庭自行开拓所有可能的产业，耕种、饲养家禽、建造鱼塘等。五名妇女被评为模范家属。[1]这一事件标志着妇女农业劳动集体化运动的开端。

生活和生产相结合　　工业和农业相结合

  大庆油田地域广袤，总面积6000平方公里，南北绵延长达140公里。"干打垒"一般建在工地附近，不管是油井、钻井点还是办公室。原油开采是分散式生产。因为油田太大，而生产点太分散，当道路还在修建，交通并不便利的时候，工人和他们的家人觉得住在工地附近十分方便。当油井开始生产的时候，劳动强度降低，石油工人就可以帮助他们的妻子在附近耕种。广袤肥沃的草原允许人们自由开荒。大庆会战几年后，居民点遍布松辽平原。

1　在油田，"家属"特指不在体制内，通常是农业户籍的石油工人或职工的配偶。这些家属一般是农村妇女，教育水平较低，甚至是文盲。

女生宿舍位于大庆设计院大院的东南部。和办公室一样，这是一栋一层楼的砖房。房间简单朴素，但很干净。墙边是八张硬板双层床，个人用品都放在床下。房间中间有一个煤气炉和两张桌子。这就是房间里的所有家具了。每个人都用最少的物品尽可能简朴地生活，一般是一个衣箱、一两双鞋子和一个脸盆。晓华很熟悉这种节俭，和她的学生生活差别不大。小钟很快把自己的东西从上铺挪到了下铺，然后帮晓华把东西放到上铺。

"房子是新建的，晚上会有点冷，而且只有一个煤气炉，上铺比下铺暖和一点。我是东北人没事，你是南方人，肯定还没习惯这冷。"小钟解释道。

晓华很感谢小钟的善意。上铺不仅更暖和，而且更私密——因为下铺也经常得让室友和客人坐着。

小钟带晓华去院子里看了水井和厕所。已经是大庆会战的第三年了，居住环境虽然得到了改善，但还是比较原始。这里没有自来水，每天有水罐车给食堂送饮用水。院子里所谓的水井是一根伸到地下的长管子，直径只够一个绑在竹竿上的杯子取水。这些水用于洗漱和洗衣。宿舍旁有一个用干草帘遮盖起来的室外旱厕。晓华知道里面是什么样子。在学校的时候，为响应"教育改革"，学生们被要求下乡参加劳动。农民们用的也都是这种典型的旱厕：一个露天的深坑，两块木板松散地搭在洞口的两边。在学生时代，使用这种设施是临时的，他们在一两个星期之后就能回到城市；对如今的晓华来说，她可能会一直住在这里。

"晚上上厕所记得带手电筒。你可以在桌子上找到。木板很薄，地面很滑。你要是掉下去就不好玩了。"小钟告诫她。

发现晓华有点郁闷，小钟补充："我们女生晚上一般不去外面上厕所。准备一个痰盂，我就有一个。"

小钟是大庆设计院的资深员工之一。她1961年来到大庆，当时设计院分散在萨尔图的一些预制移动板房里。刚来的几天她甚至都找不到睡觉的地方。他们夜以继日地画出最紧急建设项目的蓝图。时间永远不够用。在一天艰辛的工作之后，通常都是半夜，她会找到当地的招待所，挤进大通铺上随便什么地方，不管旁边睡的是男是女。每个人都极度疲惫，很快就睡着了，没注意过旁边是谁。口粮分配是最低限度的，每个人都很饿。小钟跟她的同事学习，买了一瓶酱油。每当她在深夜饿到没法工作的时候，就把酱油和热水混起来，做一碗"酱油汤"，一碗汤可以暂时安抚她饿到发痛的胃。她没有和其他人一样患上浮肿，但营养不良是不可避免的。

"你很幸运，现在比我们刚到的时候好太多了。"小钟对晓华重复了部门领导对她说的话。

东北的冬天黑得很早。晓华跟着小钟进了墙上贴满大字报的食堂。晓华在排队打饭的时候，读着大字报，批判主要集中在两位设计院的前任领导和一个刚刚从上海毕业的年轻大学生身上。设计院的基地最开始设在辽宁省抚顺市。当会战开始时，指挥部要求设计院搬到大庆，设计院的前领导坚决拒绝。他们认为大庆当时的状况不适合设计工作的开展，设计院最好暂时留在抚顺。这种不服从安排的态度被上级严厉批判，两位院领导被解放军军官接替。而新来的大学生抱怨这里严酷的生活环境、紧缺的食物，以及在油田难以发挥设计师的作用，在某个冬天他买了张回上海的票，再也没回到大庆。晓华觉得这个人说得有些道理，但她不会公开这么说。她无法想象这个年轻的学生将怎样在上海生存。在60年代，城市居民只能从他们的工作单位获得食物和基本服务。这个学生没有正规的工作单位和户口，没法得到食物配给和日用品。批判会让他的生活更加艰难。这之后晓华再也没听到过他的消息。

打了晚饭回来，小钟就和晓华告别了。她晚上还要做一些额外的工作。好像每个人都有额外工作，没有人从办公室回来。晓华一个人坐在宿舍里，专心地嚼着她的高粱饭——高粱很难消化，但是它容易生长，抗高温抗干旱，所以成为北方贫困农村家庭的主食。她开始担心有胃病的阿松，不知道他在萨尔图该怎么解决伙食问题。

很快，晓华连外套都没脱就睡着了。她醒来已经是清晨，所有人都回来了，睡得很熟。晓华穿上她的全套装备，出门上厕所。夜里下过雪，大地一片纯白。晓华穿着新靴子，磕磕绊绊。她被平原的美震住了。靴子可以抵御大庆严酷的冬天，就是重得像铁块一样。像小钟警告的那样，晓华刚两步踏上木板，就滑了下去。所幸厕坑被冻得很结实，晓华赶紧爬了起来。尽管靴子上没有任何东西，她还是用雪刷了一遍又一遍。当她最后回到宿舍，惊讶地发现所有人都已经起床了，有些人已经离开。剩下的人飞快地穿好衣服冲了出去，就像准备参加战斗一样。

接下来几年，"战斗"成了晓华生活的日常。她很少在半夜前回到宿舍，所以睡眠的时间太珍贵，她很难再维持先前的卫生标准。她经常在最后一分钟起床，用干毛巾粗暴地擦一下脸——从水管里打水太费时间了，如果在晚上备好水，第二天早上就会变成一脸盆的冰——然后奔去工作。如果时间来不及，早饭就不吃了。上露天厕所一直是个大难题。

在设计院里，她的大部分同事不是单身，就是和伴侣分居。他们白天黑夜都待在单位。同事们大多数年轻、热情而且友好。每个人都努力把他人的需要放在个人利益前面，就像小钟一开始就毫不犹豫地把宿舍里最好的床位让给晓华一样。男男女女穿着同样的制服，没有标志、性别或者级别。晓华觉得自己开始了一种新的生活，节俭、艰难，但有着最纯粹的理想。

晓华在设计院的第一场"战斗"是对付臭虫。几乎每个房间都有虫子出没，设计院决定一次性解决这个问题。行政办公室为每个科室采购了杀虫粉。小钟被任命为总指挥。大清早，战斗开始了。男人们把食堂的滚水搬到院子,并帮女人把她们的双层床搬出门外。小钟告诉他们怎么把滚水完全泼到木板和床架上。热水溅到地上,融化了冰雪。床干了之后,小钟又指挥所有人把杀虫剂倒到床架的缝隙里。"战场"上到处是水蒸气、泥浆,以及年轻男女兴奋的脸。因为担心把泥和虫子带进屋子,所以尽管很冷,所有人都坐在床架上,在室外吃他们的午餐。他们边说边笑,臭虫大战变成了集体野餐。

他们的生活十分规律。早上7点半开始工作,下午5点半下班。晚餐后是政治学习的时间,从7点到9点。9点后,所有人都回到他们的画板前面。领导从来不在半夜前离开办公室,其他人也不好在领导走之前下班。

当然,休息放松的时间也是有的。晓华的歌声甜美,她喜欢在晚饭后唱歌。一位重庆建筑工程学院的年轻人拉手风琴,另一位上海人拉小提琴。优美的旋律经常在晚饭和政治学习之间的休息时间从四室传出。他们唱50年代的中国流行歌曲,大部分是关于战争和爱国主义的。《歌唱祖国》《太行山上》《十送红军》和《游击队之歌》是他们的最爱。他们也歌唱苏联和其他国家的民谣。俄罗斯民歌《歌唱我们动荡的青春》中饱含爱情、友情,以及青年在艰难时期成就伟业的渴望。乐队的歌声温暖了房间,也温暖着他们年轻的心。

政治学习通常是学习毛主席的作品《矛盾论》和《实践论》,模范工人故事和石油勘探历史。还有常规的批判和自我批评环节。有时候,指挥部2号院政策研究室的一位同事,会就国内和国际的问题发表演说。他是一个演讲家,聪明、有幽默感。晓华并不能完全理解中国和苏联的复杂关系,或者毛泽东、铁托、斯大林和赫鲁晓夫之间的冲突,但她知道曾经团结的社会主义阵营正在经历剧烈的变化。

除了政治学习和蓝图绘制,设计师们还承担了维护建筑的责任。以往是家属负责清理厕所和露天化粪池,将粪便用作有机肥。1962年,设计院为了贯彻"自给自足"的上级精神,组织这些农村媳妇进了集体农场。由于设计院从事开荒和农畜牧养殖的农村媳妇不到20人,领导决定每个部门与家属队共同分担维持日常生活的责任。每周,晓华和她的同事都与家属一起清理厕所。在冬天的严寒里,粪坑就像一个颠倒的人类粪便堆出的喀斯特溶洞。用鹤嘴锄敲击冰冻表面时,碎块会向四面八方飞溅。第二次轮班后,妇女们学会用围巾包裹住她们的脸,防止被粪坑里的东西溅到。夏天的工作环境更加糟糕,所有东西都融化、腐烂了。

通过政治学习(尤其在1957年的反右和1959年的社会主义教育运动之后),他们经常听到大庆干部和知识分子向工农学习,不怕困难参与体力劳动的故事,因此设计院没有人敢逃避清理厕所的责任。他们怎么能说,从大城市毕业的受过良好教育的大学毕业生,要比农村媳妇地位更高呢?

战时共产主义：国家与社会的重新整合

尽管经济严重困难给中国当代史投下巨大的阴影，但是大庆会战照亮了这段暗淡的时期，最终成为中国工业化发展的样板。1960年秋天，大庆油田首次原油外运，尽管在当时这更多是一个象征性的胜利。不到三年，油田全面投产。1963年，大庆原油生产达到440万吨，达到全国原油供应的50%。中国从1961年开始，停止从苏联进口原油，并从1963年起大幅减少苏联石油产品的进口。[1]

大庆会战记录了中国共产党从领导革命到领导建设的转变。新中国建立的初期，党在领导和管理风格中充分展现了丰富的战斗经验。在十年政治经济改革之后，国家在被广泛承认的同一意识形态下被彻底组织动员起来。事实证明，政党-国家模式能够在极短时间内，为一个项目从群众中汲取并调动资源、精力和热情。这是通过大量的资本投资实现的——不仅是物质资本，还包括人力资本。中央政府集中决策，部门和企业成为执行国家计划的行动者。

1960年是"大跃进"的结束，却是大庆物质严重困难的开始。第一支到达大庆的队伍年轻、有活力、守纪律。领导干部都在三四十岁，工人和工程师不是年轻毕业生，就是从朝鲜战争中退伍的军人。在这个危机时期，他们被号召传承自我牺牲奉献的中国革命精神，为祖国建立新的工业基地。艰苦的环境要求年轻的男女共同生活：他们不仅仅工作、生活在一起，还一起建房、觅食。物质的约束和人力的匮乏，使社群更加团结。对于很多第一代大庆人来说，这段时间的大庆是难忘的乌托邦，代表了一种原始的共产主义生活方式。每个个体被动员起来，整合成集体的一部分，既是革命改造的客体，也是革命改造的主体。在这段时期，国家与社会、公共与私人之间没有界限。

---

1 陈正祥：《中国的石油》，第184—185页。

图2-12 大庆在1960年实现了首车原油外运（来源：《大庆》画册）

先生产，后生活

第三章

尖峰突破

第九个工作日的中午刚过，晓华开始坐立不安，因为领导还没有宣布四室明天能不能休息。从让胡路到萨尔图的最后一班交通车在下午6点开走，如果她赶不上，就要在荒芜的草原走上半个小时去乘火车。草原上据说有饥饿的野狼游荡，有人看见过它们袭击村庄。

离6点还差10分的时候，好消息终于宣布了。晓华一把抓起包，急匆匆走出办公室，像是在做什么亏心事。交通车站就在院子后面。一辆解放牌卡车已经到了。解放牌卡车是长春第一汽车制造厂在"一五"计划期间生产的主要产品。它在大庆用处很多：运输货物、乘客，以及所有其他东西，往返田野，日夜兼程。

卡车司机从窗户探出头来，大喊："你到哪儿去？"

晓华回喊："萨尔图！"

"爬上来！"司机指挥道，回到了自己的座位。

晓华花了一点时间才爬上这辆卡车。她比较瘦小，笨重的"道道服"平添了更多阻碍。车里的人伸出手，把她拉了上去。货车被一块帆布半盖着。两排铁长凳焊在车厢两边，但是乘客不能好好坐下，因为一路实在太颠簸了。于是他们站起来，牢牢扶住，这样就不会被撞到一起或者被甩到卡车边上。松辽平原土地平坦，在冬天冻得像水泥一样硬，但在春天就会融化成泥泞的沼泽，因此所有的坚固建筑都需要挖深地基。当时公路的建设过于匆忙，因而没有时间打好地基。大约一年后，地基大都已经坍塌，道路也坑坑洼洼。冻伤是另一个致命的危险，因为卡车是半开放式的。在冬天，为了保持身体平衡、保护身体不被冻伤，不停蹦跳和跺脚是必要的。由于休息的决定经常在下班前最后几分钟内宣布，所以晓华不得不跑去交通车站。一次她太赶了，以至于忘记穿上她的大头鞋。路上她差点双脚都冻没了。交通车是免费的，但是晓华不得不受些折磨，才能去萨尔图见到阿松。

一个小时后，解放牌卡车猛地刹车："萨尔图到了！"

到达总指挥部2号院的时候天已经黑了，但是机关仍旧灯火通明，人们还在加班加点。阿松的宿舍在几步外的3号院。两个院子之间没有路，只有一片被雪覆盖的玉米地。尽管玉米已经在9月份收割，但是玉米梗还留在地里。以前，农民在冬天用玉米梗取暖做饭，而1962年红色草原牧场将土地让给了油田，所以工人们转而使用原油和天然气作为燃料（玉米梗就变得无用了）。

晓华小心翼翼地沿着玉米地里被踩出的小路到了3号院。进了宿舍，她才发现设计院的住宿条件的确要比这里好得多。房间里空荡荡的，只有几张床靠在火墙旁边。泥坯墙大概有半米厚。墙的尽头有一扇小窗，像一个深黑色的洞，窗台上堆满了书和各种日用品。横梁和天花板上的苇草都被原油燃烧的烟熏成了黑色，不同深浅的黑色痕迹提示着建材的新旧。房子看起来像一块补满补丁的旧布。当地样式的土坯房建造起来很快，但需要时常维护，否则极易坍塌。大庆大约有三分之一在1960年至1961年建成的土坯房在两年内倒塌了。一天阿松和他室友半夜醒来，感到很冷，才发现一半房子已经不见了，他们可以直接看到萨尔图布满星星的夜空。

宿舍不能接待客人，所以阿松带着晓华去了他的办公室。生活基地办公室在2号院后面。已经有一对情侣在这里了。两对情侣默契地占据着尽可能远离对方的角落，这样可以让他们珍贵的团聚时间多点私密性。

阿松在第一个月瘦了不少，既是因为繁重的工作，也是因为他南方的胃无法适应北方的粗粮。1962年，食堂只供应高粱、玉米和大麦。除了日常的办公室工作，晚上指挥部的职员还要轮流照看大院旁边的几口油井，"参与体力劳动"。每天晚上的例行工作会议能开到半夜，会上生产单位简述白天的工作和问题，而指挥部各部门快速对问题进行反馈。如果某一部门没有及时跟进，领导们——比如康世恩——就会不留情面地严厉批评。"我们好像在经历真实的战争。"阿松总结。

年轻的情侣有说不完的话，但时间过得太快，已经是午夜了。晓华和另一个女人一起回到了有实验室和女宿舍的1号院。女宿舍的门半开着。那时只有很少的门会上锁，即使有锁也没有人用。在几起因原油不完全燃烧导致的一氧化碳中毒事件后，门就特意开着来保持通风。宿舍里面有一张巨大的通铺。灯已经关上了，但是晓华和另一个女人依旧可以凭着炉火视物。床上挤满了人，所有人都已经熟睡。两人快速找到一块可以躺下的地方，盖上从未婚夫那里借来的被子。

在新中国第一个十年快要结束的时候，中国经济遭受了一系列挫折，局面复杂。在工业和农业之间建立平衡的艰巨任务难以为继。资金和投入的短缺限制了农业生产的增长，反过来也限制了工业建设。所有战线都需要保持平衡——强调重工业的同时发展轻工业和农业，需要大规模重投资项目建设和劳动力的全方位动员，两者缺一不可。1959—1961年全国出现了严重困难，国家已经耗尽了按既定路线取得进展的可能性。

在这一情况下，被视为"非生产性建设"组成部分的城市支出被严格控制，经常最先被削减。国家将大部分收入用于"生产性"单位的再投资。投入再生产的资本占极高比例，紧迫的社会需求被忽视了。城市规划工作者面对"过度支出"国家投资而饱受批评，这些投资本来留给城市住房、交通、教育和公共福利建设的空间就很少。节俭、朴素和自给自足在社会上推行，人们被要求为了实现更高水平的经济增长而限制他们的消费和休闲活动。

在大庆发现油田三年后，如下的问题必须要得到回答：大庆矿区的未来设想是什么？要依循怎样的建设模式？这是一个不同寻常的时期：许多工厂关闭，城市经济停滞，强制或自愿的城乡流动、经济困难和流行病蔓延致使城市人口骤降。石油领导人通过艰苦朴素的精神来弥合城乡鸿沟，回应经济现实，由此创造了一种全新且与众不同的大庆模式。

建设的政治经济学

在中央集权的计划经济中，城市等同于工业生产的基础设施，区别于以支持农业生产为功能的农村。社会主义中国的首要任务是将城市从"旧世界秩序"中的消费场所转变为"新世界秩序"中的生产场所。在1954年召开的第一次全国城市建设会议上，建筑工程部部长刘秀峰明确指出，新中国城市建设的目的是服务工业生产，按照国家统一的经济计划,"采取与工业建设相适应的重点建设、稳步前进的方针"。[1]

"一五"计划改变了现代中国的工业地理。国家工业项目选址催生了许多新城,更准确地说,催生了新的工业城市,或在旧城的基础上发展了新的工业区。[2]正如前文所指出的那样,真正的目的是建设工业,而非建设城市;为了工业化,而非城市化。在国家计划的语言中,"城市建设"一词从未出现。相反,使用的是"基本建设"的术语,用以指代工业项目的固定资产建设。基本建设被分为"生产性建设"和"非生产性建设",后者指的是公共住房、城市服务以及保障日常工业生产所需的最低限度的市政设施。

然而,国家工业计划的实施推动了城市的快速增长。战后婴儿潮的结果是,中国总人口从1949年的5.41亿增长到1960年的6.62亿。城市面临更为夸张的增长。城市总人口翻番,从1949年的5765万增长到1960年的1.3073亿。[3]值得注意的是,在新中国成立的前十年,婴儿潮对城市的影响比对农村的更大,这是由于育龄青年男女被工业部门吸引到城市。大规模流动发生在城乡之间。移民流向由经济形势决定,这对于国家计划工作者在经济上、社会组织上和物质上都构成了巨大的挑战。例如,在1955年,200万人因为城市经济困难而返回农村。但是在第二年,随着国民经济实现"小跃进",650万新移民涌入城市。

1952年,中财委根据建设重点,将中国城市划分为四类。第一类包括8个"重工业城市":北京、包头、西安、大同、齐齐哈尔、大冶、兰州和成都;第二类包括14个"工业比重较大的改建城市":吉林、鞍山、抚顺、本溪、沈阳、哈尔滨、太原、武汉、石家庄、邯郸、

---

1 曹洪涛、储传亨主编:《当代中国的城市建设》,中国社会科学出版社,1990年。

2 第一个五年计划的基本建设项目被确定后,这些项目的选址由国务院决定。最初由中财委牵头,然后是计委,由副总理带队,各部委、苏联专家和地方代表组成选址小组,其中铁道、卫生、水利、能源、公安、文化和城建部门是固定成员,各产业部门代表视项目门类而定。

3 参见中国国家统计局第一次编纂的《中国统计年鉴:1981》,1982年于北京、香港两地同时出版。

郑州、洛阳、湛江和乌鲁木齐；第三类包括17个"工业比重不大的旧城市"：天津、大连、长春、佳木斯、上海、南京和重庆等。这三个类别的39个城市被视为"重点建设城市"。剩下的城市被划分在第四类，被称为"一般城市"，其主要任务是维持最低限度的日常运转。[1] 上述的重点城市大多在"一五"计划期间完成了编制城市规划的任务，协调统筹现有城市与拟建工业项目之间的关系，以及基础设施建设。

在"一五"计划期间，苏联压倒性的影响也延伸至城市规划领域。苏联城市规划工作者帮助起草了国家规划导则和标准。建筑工程部组建专门小组，将俄文的城市规划教材和规章翻译引入中国。每个规划机构派代表去北京拜会苏联规划工作者，接受训练，或者直接派代表去莫斯科。苏联规划师也作为顾问参与重点城市的规划工作。[2] 20世纪50年代早期的城市规划基本上遵照1935年莫斯科规划所建立的社会主义城市规划原则。这些原则包括保留旧城核心作为行政中心，将工业用地转移至外围地区——通常位于内城外、下游、下风向，并通过大面积的绿化带或公园将其与居住区隔开。[3]

根据描绘未来20年发展的总体规划蓝图，许多工业区都位于城市的远郊。这里鲜有市政基础设施，特别是连接老城中心的公共交通。工厂需要用各自的预算建造职工住房和其他配套设施，从而建成事实上独立的工矿小镇。市政府只在他们有限的预算内，为新区提供简单的基础设施。

苏联直接参与了工厂厂区及其职工住房的详细规划。这些规划体

1　最初苏联援建项目选址大多位于东北和西北地区，靠近中苏边境，而沿海聚集了中国早期工业积累。最初中国领导人较为尊重苏联对项目的选址意见。例如第一汽车厂的选址周恩来倾向于北京，但最终定在东北长春。参见Mok Chung-Yuk在密歇根大学的博士论文，"China's Motor Cities: Industrialization and Urban Development under State Socialism, 1948-90", 1994；以及曹洪涛、储传亨主编《当代中国的城市建设》第37页。

2　例如巴兰尼科夫在北京和上海；穆欣去了上海、沈阳、杭州、广州和石家庄；巴拉金在武汉、吉林、包头、郑州和广州。

3　曹洪涛、储传亨主编：《当代中国的城市建设》；以及黄立在华中科技大学完成的博士论文《中国现代城市规划历史研究：1949—1965》，2006年。

图 3-1　长春第一汽车制造厂：古典恢宏的厂前区设计（1959年。来源：《建筑十年》）

现了斯大林主义理想的"民族形式，社会主义内容"：鲜明的中轴线和绿化带、对称的建筑布局、围合型街坊和纪念碑式入口。住宅建筑遵从历史样式，如传统的中式大屋顶，以及基于苏联人均9平方米标准——所谓"科学卫生的生活标准"——而设计的两居室或三居室。长春第一汽车制造厂职工宿舍是这一时期的代表性项目。

实现"均衡发展"

随着国家计划的实施和机构的建立，国民经济运作越来越复杂，计划任务也越来越精细。在20世纪50年代，中央政府对重要资源的控制能力加强，与此相对应，私营部门在工农业中的影响力减弱。"一五"计划期间，90%的基本建设投资来自中央政府。[1] 1952年之前，国家管制的建筑材料只有钢铁、木材和水泥等八类。到了1953年，大

1　曹洪涛、储传亨主编：《当代中国的城市建设》，第26页。

图3-2 长春第一汽车制造厂：表现中国传统建筑风貌的工人住宅（1959年。来源：《建筑十年》）

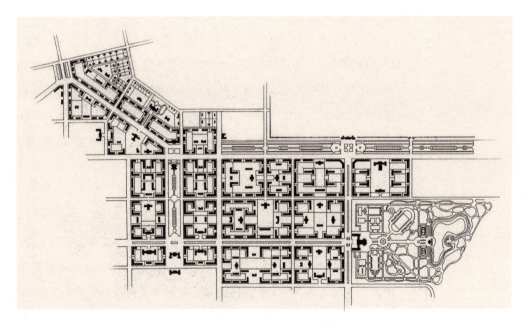

图3-3 长春第一汽车制造厂：生活区规划总图（1949年。来源：《建筑十年》）

规模工业建设导致建筑材料严重短缺,为了保证按时完成重点建设项目,国家管控的物资类别显著增加,超过227种"生产资料"被纳入国家分配体系。1957年,"一五"计划的最后一年,国家管控的物资类别增长到了532种。国家分配体系为基本建设提供了几乎所有的物资。另外,所有工业设施的购买都经由中央政府计划和批准。当地单位根据计划得到他们的配额,同时根据计划来组织生产。

人力资源也由中央政府直接控制。国家计划委员会决定大学招生人数。所有国有企业技术人员和大学毕业生都由国家统一分配。1953年,中央政府解散了各大区的工业行政管理部门,将他们的领导和技术精英再分配至部委及国有企业。有经验的现代化建筑工人数量有限,即使是他们也需要更多的培训。因此,由建筑工程部领导的建筑工业需要从中央层面开始重新构建。许多国家建筑工人都是从部队退役的军人。

资源和权力在中央的高度集中对于一个"计划王国"而言,需求越来越大,也越来越危险。投资重点高度集中于小部分资本密集型的重工业。但就短期而言,这种"尖峰突破"意味着不均衡的发展,需要不停地进行"手动"调整,来维持社会经济平衡。而"时而短缺,时而盈余"是很多计划经济所固有的特点。[1]特别是边学边做的过程极具挑战性。国家尚未建立复杂的系统来收集和录入数据,也缺少面对环境变化做出反应的适应能力,甚至对于反应本身也有很多不同的解释。计划经济中的经济问题,首先是政治问题。经济分析是复杂的,尤其考虑到中央与各部门、地方单位和社会的权力分配,也包括不同权力之间的斗争。政府公报和领导讲话经常看似并无二致,比如"计划建立在……一个良好的基础上""保障国民经济均衡发展""在既有条件下有序推进""根据当地需求和资源""当条件……成熟""一步一步建设""有计划地、充分准备地"等。然而在这种话语的模棱两可之下,关于社会主义建设方向和路线的分歧越来越大。在"一五"计划期间就

1　János Kornai, *Economics of Shortage*, Elsevier, 1980.

发生了建设路线的强硬派和温和派之争。对不同战略的支持往往与不同意识形态观点相连——要么左，要么右——并且不可避免地被视作对不同领导人的个人忠诚表态。尽管在语言上，他们之间的相同点更多于不同点。

计划工作者的日常工作是管理国家、满足日常需求，他们在对待计划经济的复杂性上更加敏感和谨慎。"一五"计划在经过一系列批评修正后，迟至1955年4月才被批准。在此之前，国民经济主要在临时性年度计划的基础上运行，各方面都完美诠释了"计划"的命运：每一年，计划工作者都会面临短缺和盈余的不断转换，临时的调整政策往往使得情况更加复杂。

1953年，基本建设规模相较于前一年增长了83.7%，超过了75%的增长预期，这已经是一个很激进的数字了。获得食物配给和社会住房的国家职工人数增长了15.8%。[1]中央政府派出的城市建设局工作小组将重点建设城市的喧嚣描述为"天上地下到处打架，死人活人连续搬家"。[2]相比之下，1953年较前一年粮食产量仅增长1.8%，棉花产量减少9.9%。国家面临着资本、建材、技术人才，以及最重要的食物的严重短缺。

为了应对严峻的局势，在又一个粮食减产的年份——1954年，计划工作者提出了更加保守的1955年计划，向农业增加更多的投资，大幅减缓工业发展。1955年的工业生产计划增长率先是从15.5%降至12.4%，而后在1955年1月又进一步降至7.7%。全国范围内，只有5万新增员工名额。[3]出乎计划工作者意料的是，1955年农业出现了大丰收。大幅削减工业生产指标和非生产性建设项目后，国家财政预算盈余18亿元，同时剩余大量生铁、水泥和木材，工业总产值实际增长

---

[1] 曹洪涛、储传亨主编：《当代中国的城市建设》，第35页。

[2] 国家城市建设总局西安小组：《西安、兰州城市建设情况及几点意见》，中国城市规划设计研究院档案室，1954年9月12日。

[3] 刘国光主编：《中国十个五年计划研究报告》，第96页。

6%。国务院与苏联签订合同，折价出口这批意外的剩余建材。但是，剩余很快变成了严重短缺，合同在签订一个月后被取消。周恩来总理为国务院的错误判断进行了自我批评。

"冒进"

在50年代中期，政府曾尝试在计划控制中引入一些灵活性，比如允许更多自由市场，鼓励省级政府和地方政府的参与。1956年9月，中国共产党第八次全国代表大会公布了自上而下的放松政策，鼓励一系列自由化政策来缓解国家计划的压力。小商品的自由市场再次开启，允许农民发展个人副业，比如手工业或饲养家禽。国家控制的价格允许更灵活地引入价格和收入的激励机制，作为行政控制的补充。省级政府和地方政府被授予一定的财政权和自主权，更多参与"二五"计划的制定。[1]

但是，在制定年度计划的过程中，国家计划工作者开始意识到"自由化"和权力下放的后果。1956年新年，《人民日报》号召人民为"全面地提早完成和超额完成五年计划"而全力奋斗。各部委和省级政府每年要求的建设投资从101亿元增至200亿元，而"一五"期间的基本建设总预算只有530亿元。此外，自下而上提出800个重点建设项目，这些请求远远超出了国家的建设能力。1956年的国务院会议上，周恩来总理指出："各部专业会议提的计划数字都很大，请大家注意实事求是。"他要求"头脑发热了"的领导"用冷水洗洗后"提交更实际的数字。[2] 2月，周恩来、国家计委主任李富春、财政部部长李先念达成一致意见，降低1956年的国家投资规模至147亿元。刘少奇主席也支持这一数字。他们都同意此时应反对"冒进"，让经济"在综合平衡中

---

[1] 刘国光主编：《中国十个五年计划研究报告》，第96页。

[2] 金冲及：《周恩来传（1898—1976）》（下），中央文献出版社，1998年，第1104页。

稳步前进"。[1]

1956年10月，在波兰和匈牙利爆发的抗议及随之而来的暴力示威，在社会主义阵营引起极大的关注。中国领导人对过度发展重工业而忽视人民生活的危险提出警告。公安部收集到的数据显示，中国工厂和农村中出现了反对的骚乱浪潮。11月10日，在中国共产党八届二中全会上，刘少奇引用《毛泽东语录》，表示"又要重工业，又要人民"。刘少奇警示党内成员，如果党继续忽视人民生计，可能会导致与人民的关系紧张。他要求"把工业建设速度放在稳妥可靠的基础上"。什么叫"稳妥可靠的基础"？就是"群众总不能'上马路'，还高兴，还能保持群众的那种热情"。[2]

接下来的"大跃进"期间试图全方位解决问题——"两条腿走路"意味着同时强调重工业和轻工业、城市和乡村、大型工业和小型工业、资本和劳动力。国家建设依靠着"中国六亿人民的空前未有的革命积极性"。[3]这种"战天斗地"的幻觉铸造了一个巨大的工业熔炉，吞噬所有的可用资源。

厉行节约

削减非基本的和非生产性建设上的开销是"计划国家"持续的主题。1953年下半年，在建筑材料严重短缺的情况下，开展了增产节约行动。6月，周总理在城市建设方面提出了反对分散主义的问题。他指出很多工业项目没有用好既有的城市基础设施，而是建设了新的独立工业区，导致不必要的投资浪费。国家计委审查了计划的实施，并大幅削减非生产性建设投资。在1954年的第一次人民代表大会上，周恩来指出基本建设中过高的建筑标准已浪费了上百万国家经费。

---

1 薄一波：《若干重大决策与事件的回顾》上卷，中共中央党校出版社，1993年，第534页。

2 薄一波：《若干重大决策与事件的回顾》下卷，第556页。

3 刘少奇：《中国共产党中央委员会向第八次全国代表大会的政治报告》，《建国以来重要文献选编》第九册，中央文献出版社，1994年，第39页。

1954年11月，以建筑工程部副部长周荣鑫为首的代表团出席了在莫斯科举办的全苏建筑工作者会议，会上赫鲁晓夫批评了建筑业的奢靡和斯大林的社会主义现实主义。1955年，降低建设标准、避免资源浪费，成为中国计划工作者持续考量的问题，呼应了莫斯科的经济转向。其重点在于节约，替换先前公共建筑和住宅的历史主义风格。1955年2月，建筑工程部举办了一次全国性的设计和建设会议。会议批评了"修正的资本主义形式主义"倾向以及对"宫殿、城堡和庙堂"的追求。梁思成是一位热衷于中国传统建筑研究的著名学者，也是中国建筑学会副理事长，被列为提倡奢华大屋顶的具有影响力的"复兴主义分子"。长春第一汽车厂的生活区规划被视作臭名昭著的浪费国家资源的项目。[1]

　　1955年6月，中共中央做出指示："稳步降低非生产性建设的标准。"[2] 7月，中共中央发布了《关于厉行节约的决定》，批评了非必要的建筑装饰和"奢华"的非生产性建设标准的投资浪费，如工人俱乐部、剧场、娱乐中心、体育场和绿化带。《决定》要求除了生产用的必需设备和苏联设计的厂房之外，所有基本建设的投资标准再削减15%—20%。李富春副总理——也是国家计委主任——指出，社会主义建设的一个更现实的原则是把现代工业和现有城市结合起来，把现代工厂与住房、办公和宿舍的适当标准结合起来。[3] 作为对批评的回应，建筑工程部调整了城市建设政策。更多工业项目选址在城市建成区域，鼓励改造既有设施。许多公共建筑的大屋顶从设计图中被砍掉，

1　见《建筑学报》1955年第2期一系列批评文章，如王华彬《我们对东北某厂居住区规划设计工作的检查》、牛明《梁思成先生是如何歪曲建筑艺术和民族形式的》、王鹰《关于形式主义复古主义建筑思想的检查》。

2　指示说明，非生产性建设是基本建设的一部分，但不是主要部分。生产性建设是社会主义工业化的物质基础。非生产性建筑不产生价值，应该服务生产。降低标准不是影响生产而是为发展生产节省资金。

3　《厉行节约，为完成社会主义建设而奋斗：李富春总理报告摘要》，《人民日报》，1955年6月21日。

或者在建筑过程中被突然废弃。苏联的人均9平方米居住面积标准被取消,取而代之的是4.5平方米的最大居住面积标准。

在1956年初短暂的"自由化间隙",建筑工程部和地方政府趁机指出,住房和公共福利的大幅削减将导致生活困难。因为毛泽东曾经用"骨头和肉"来比喻生产和生活的关系。主要建设城市,比如西安和太原,建立了"骨头和肉办公室"来检查既有的建设政策。

然而,中央计划部门很快掀起了另一波增产节约行动浪潮。1957年4月,李富春和薄一波写的报告在中共中央高层干部间传阅。该报告分析了城市建设的"四过":"规模过大、面积过多、追求过新、标准过高"。报告指出很多项目预留大量长期发展用地,产生分散且低效的空间格局。基础设施建设成本增加,本可短期用于农业生产的土地被荒废。报告提出了六项建议:一、严格控制建设用地。二、适当降低建筑标准。以建设中、小型企业为主,鼓励自行设计、自主建造的住宅。在住宅标准方面,在城市原则上应降低到当地居民一般的住宅水平,在矿区原则上应类同于当地农民的住宅水平。三、在城市的住宅建设方面,应集中力量解决职工的集体宿舍,家庭住宅原则上不再兴建。为了减少职工家属进城居住,并动员现在城市居住的职工家属下乡,考虑建立职工的定期休假制度以便与家人团聚。四、当年各单位计划建设的修理厂、机修和木工等辅助车间及实验室等,凡未动工者,应一律停建。五、中等技术学校和技工学校一律停止扩大。某些学校,因受劳动计划限制,减少或停止招生的,应将多余校舍拨给当地大学或中学使用,或改为小型工厂。六、城市的公共和服务性的建筑应该大大地降低建筑标准,如需新建,应分别建在工厂区域,并鼓励多种用途。[1]

在50年代后半段时期,住房建设明显放缓。建造的部分房屋大多是单层的经济型住房或宿舍。公共设施建设的投资也减少了。1953

---

[1] 董志凯、吴江:《新中国工业的奠基石:156项建设研究(1950—2000)》,第292—296页;黄立:《中国现代城市规划历史研究:1949—1965》,第57—58页。

年，西安市37.5%的投资用于城市文化、教育、公共医疗设施的建设。1954年这一数字降至23.5%，1955年降至13.13%，1956年降至8.46%。1957年几乎可以忽略不计。[1] 太原城市居民人均居住面积从1949年的2.6平方米减少到1956年的2.27平方米。这意味着中国工人阶级的生活水平发生了倒退。[2]

1960年4月，全国城市规划会议在桂林召开，提出"用10年或15年的时间将我们的城市建设成为社会主义现代化城市"。但没有人预料到，由于严重困难，中国的城市化进程经历了最为戏剧化和悲剧性的转变。

1961年6月，中央政府发布《关于减少城镇人口和压缩城镇粮食销量的九条办法》，规定在三年内减少城镇人口2000万以上。1961年末，报道称1300万人已失去城镇身份。1963年6月，这一数字达到2600万。城市的定义也被修正，城市总数从208个降至169个。

城市规划是首批被裁撤的专业。建筑工程部被指控实行"部门主义"和"本位主义"。1960年末，李富春在一次全国会议上宣布："三年不搞城市规划。"[3] 建筑工程部的大部分干部被免职，剩下的规划师被要求只做"调查和研究"。1961年，国家建设委员会解散，1960—1962年间的城市建设投资被完全取消。

---

1 国家建设委员会城市建设部城市工作组：《西安市工业及文教建设与城市各项服务事业发展配合问题调查研究汇报提纲》，1957年。

2 曹洪涛，储传亨主编：《当代中国的城市建设》，第69页。

3 同上。

没有城市的规划

1963年，大庆的生活条件逐渐改善。村里的水房可以提供自来水，元旦之后，公共浴室每周开放一次。对于几个月没水洗澡的晓华和同事们而言，这已经是文明生活的一大步了。带有供暖系统的托儿所也建成了。但是因为1963年还很少有家庭带着孩子来大庆，所以托儿所允许女职工搬进去用作她们的临时宿舍。和原来砖墙薄、炉子小的宿舍相比，托儿所温暖而宽敞。

两个漂亮的姑娘，小李和小杨，成了晓华的室友。她们中学毕业，做设计师的绘图助理。宿舍因此充满了女性气息。她们挂起窗帘，在床上铺上印花床单，用野花和玩偶装饰房间，还把工作服改得更加合身。小李甚至稍微烫了一下她的刘海儿。她们自然而然地成了这个男性主导的设计院的焦点。

相比之下，晓华总是穿着她剪裁宽松的灰色或深蓝工作服——即使是非工作日，她也不穿鲜艳的衣服。为了节省时间、节约用水，她在第一年到大庆的时候就把头发剪短了。有时候她的未婚夫会抱怨她的朴素。在大庆表现得朴素，比如穿着带补丁的衣服，意味着革命的精神。晓华避免让自己显得女性化，她像男人一样努力地工作。她不喜欢听这两个漂亮的女孩谈起她们来大庆，只是为了找一个高学历的丈夫。尽管如此，晓华无法忍住利用每个休息日去萨尔图见阿松。在第九个工作日的6点，所有人都还在工作的时候，她总是很不好意思地离开办公室。因为她经常到点下班，所以她知道她不会被评为劳模，不管其他日子里她多加了多少班。

然而，阿松不情愿过来在让胡路过夜。他觉得不能这样做。如果他来找晓华，那么他只会早上到、下午走。重聚的喜悦会不可避免地被即将分别的阴影笼罩着。在吵过几次架之后，晓华放弃了。她成了往返萨尔图和让胡路的那个人。"阿松更有机会在他的工作上冒尖，而我第一次进设计院的时候，命运就已经注定了。"她安慰自己。

1963年的新年有三天的休息日。这是大庆人一年中享受的最长的一个假期。这也是大庆油田自三年严重困难与艰难创业之后的第一个春节。设计院家属劳动的集体农场为春节提供新鲜的猪肉和大白菜。晚餐后还有晚会，每个单位专门准备了庆祝节目。食堂给没能参加晚会的职工准备了一些猪肉和大白菜。尽管如此，作为新年传统的家庭团聚在大庆仍旧十分奢侈。只有在黑龙江的家庭才能在新年团聚，大多数职工在假期留在了单位。即使很多人从1960年就开始在油田工作，但是很少有人会申请一个月的探亲假，因为这被视作"逃离战场"。而在这些少数申请中，又很少有人真的获批，因为之前探亲回家的很多人再也没有回来。再者，也没有很多家庭能在假期来大庆。这里既没有足够的住房，也没有充足的食物给这些额外的家庭成员。访客们只能住在食堂，用薄布帘子隔开一个个简易床。

晓华希望能够和阿松一起在萨尔图过大年夜，但她赶不上下午6点的最后一班班车。下午的工作太多了。结构工程师老宋看到她那么难过，就说要在下班后送她去萨尔图。晓华很犹豫，觉得在除夕夜太麻烦同事了，所以她表达了感谢，拒绝了他的好意。"不用了，老宋。不用麻烦，我可以自己搭火车，我一点都不怕。"

老宋用他的西北话坚持："莫得事，莫得事，我陪你。"

下班后，老宋拎着一颗白菜、一斤猪肉还有一小袋面粉，和晓华一起走进黑夜。他们在萨尔图车站下车，就像晓华第一天来时那样，跟着人群从洞开的铁丝网出了车站。老宋找到了一个在指挥部工作的熟人，那人拿过白菜和猪肉，对晓华说："你跟我走吧，我正好要回指挥部。"老宋交代完就跳上了回让胡路的火车。这一刻尽管大庆的天气十分寒冷，但晓华心里很暖。

当晓华最终站在了3号院前时，她听到了阿松在拉二胡——电影《红日》中的一首流行歌:《谁不说俺家乡好》。晓华情不自禁地跟着唱了起来："绿油油的果树满山岗，望不尽的麦浪闪金光……"音乐戛然而止，阿松打开门，脸上满是惊讶和喜悦。晓华看着他笑了。

根据苏联在西伯利亚的经验，在开发油田之前，需要建立石油工人基地。1959年末，在发现丰富的石油储量后，黑龙江省很快将安达从县提升为市。哈尔滨建委原党委书记杨祝民，被任命为安达市市长。1960年5月，杨市长完成了新的安达城市规划，在15年内，安达市将成为一个石油城，城市人口达40万，在城市东南建立小型试验性炼油厂。但是，石油工业部对此另有计划。

炼油厂选址

1960年10月，城市建设局局长丁秀带工作组从北京驻扎到黑龙江省。工作组的任务是给未来的大庆炼油厂选址，该厂预计具备100万吨原油处理能力，建设项目本身可以提供5000个工作岗位。作为典型的重大基建项目，建筑工程部成立建筑企业——建筑工程六局，来建设炼油厂。炼油厂本身需6000名职工，其中核心劳动力来自兰州西固炼油厂，其他则主要通过当地招聘。随着这11000名国家职工及其家人的到来，工厂的选址很有可能决定未来城镇的位置。

当北京的规划师第一次来到安达时，他们看到的只有一堆破旧的土坯房，没有任何现代设施，这是一个典型的东北县城。黑龙江省政府提议，齐齐哈尔市的昂昂溪可以作为备选，因为那里的铁路交通十分方便，向东直达哈尔滨，向南则到另一个大型工业城市四平。但是齐齐哈尔比起安达来，距离油田更远。工作组在萨尔图拜会石油工业部副部长孙敬文，孙敬文是丁秀前任的城市建设局局长。石油工业部没有立刻建设一个石油基地城市的打算。在对松辽平原的石油储量进行全面勘探之前，石油会战就开始了，部委对于大庆是否是一个高产油田没有信心。仅仅一年以前，他们刚刚遭遇四川会战的失败。50年代早期，中苏石油合资公司为新疆独山子油田的住房和基础建设投入了大量资金，然而勘探结果并不理想，矿区居住区的建设最后成了资源浪费。[1]并且，石油工业部从中央政府得到的预算不允许大规模

1　余秋里：《余秋里回忆录》，第706页。

城市建设。

副部长孙敬文倾向于分散居住。他明确表示不支持在安达建设炼油厂的计划。他问:"安达旧城的设施有什么可以利用的?如果把炼油厂放在那里,不就是又搞一个像兰州一样的西固区吗?!"西固区是兰州市在苏联援助下建设的石化工业基地。规划师们明白,孙敬文的意思是反对集中的污染。[1]

工作组回到北京,提交了他们的调查报告。1960年12月,根据石油工业部的意见,国家计委、国家建设委员会联合批准大庆炼油厂(1964年被称为"黑龙江炼油厂")落址龙凤。重新绘制的地图显示,龙凤位于萨尔图和安达之间、萨尔图火车沿线以东11公里——这是一片空地,预留给工厂和建筑工人。这个位置乘火车往返大庆指挥部和炼油厂,可以节省很多时间。建工六局的工人定居在龙凤,自1962年开始建设。大庆炼油厂以兰州炼油厂为模型建设,但没有依靠苏联援助。1963年11月1日,大庆炼油厂第一次产出煤油和汽油。

北京来客

中国最高领导人开始陆续访问大庆。邓小平于1961年7月23日来访,刘少奇在随后8月7日到访。尽管他们对于会战的组织和动员有不同的观点,但都赞扬了大庆自给自足的发展方向。[2] 邓小平表示:"这个地方靠着铁路,有火车站,草原很平,汽车到处可以跑,土地肥,到处能种地,这个地方太好了!青海、玉门、新疆没有这个条件,四川也没有。"[3] 刘少奇鼓励家属在油田组织支持下建造自己的住房,但他也说"一个工人一个月拿几十块钱的工资,叫工人种地不划算。"他认为,大庆为住房问题和矿区的工农"革命性"结合提供了很好的解决

---

[1] 秦志杰:《从分散到聚集》,选自中国城市规划学会编《五十年回眸——新中国的城市规划》,商务印书馆,1999年,第353页。

[2] 根据对原大庆指挥部工作人员的访谈(2007年9月于大庆),邓小平同时批评了工作的混乱状况,"这不是大会战,这是大混战"。

[3] 转引自余秋里:《余秋里回忆录》,第691页。

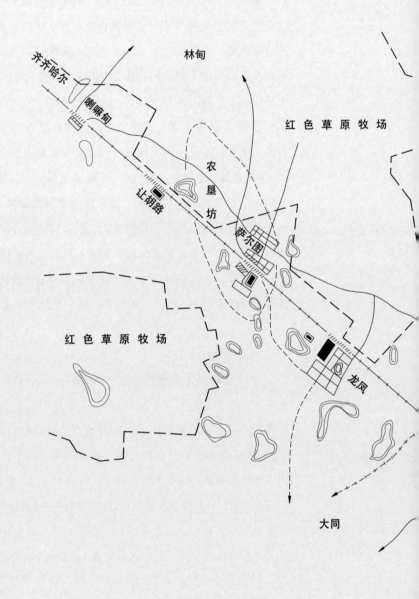

图3-4 中国城市规划设计研究院1961年版以安达为中心城市的大庆油田总体规划草案
(作者根据中国城市规划设计研究院档案室资料重新绘制)

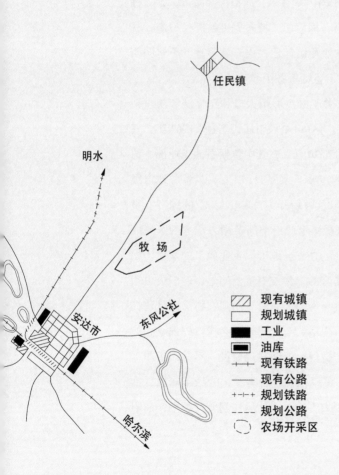

方案。黑龙江省委书记欧阳钦肯定了大庆的成就，引用中国传统的农业理想"男耕女织"，指出大庆式的"男搞石油，女种地"。[1]

一年后，1962年6月21日，周总理访问大庆。他肯定了分散式的工农村庄，以及工业生产和农业生产结合的形式。

反对集中

60年代早期，大庆尝试将生活服务和生产集中在一起。大庆人民医院以"较高"标准建造，在萨尔图火车站和会战指挥部附近，是一栋现代的三层建筑，也是大庆的第一栋楼房，拥有先进的医疗设施。其他公共服务，比如邮局、银行和照相馆都建在火车站附近。萨尔图明显已经成为大庆油田的行政中心和生活服务中心。

1961年6月中央政府发布《关于减少城镇人口和压缩城镇粮食销量的九条办法》之后，安达缩减了48384个城市居民名额。1961年，安达城市地区的居住人口已经增加到30万人，其中包括石油工业部、地质部和建筑工程部下属央企的职工及其家属11.72万人；省、地市级企业职工及其家属4.73万人；以及被划分为"城市人口"的国有农垦职工3.5万人。对于一个仍在接受国家政府部门劳动力派遣的区域而言，城市减员的阵痛首先影响到的是省、地市级企业职工的家属，妇女和儿童。他们不仅丢掉了有薪水的工作，更重要的是，他们失去了粮食配给。但是，很多失去城市身份的人并没有回到农村，而是留在了安达市，依靠她们丈夫的收入生活。与此同时，会战指挥部收到的将家庭迁至油田的申请，远多于被规定的缩减规模量。不与油田职工一起生活的家属共有6.7万人，无论他们是否被登记为城市居民，油田始终都要面对人口快速增长压力下的永久性居住问题。否则，油田将会面临劳动力流失的风险。[2]

---

1 余秋里：《余秋里回忆录》，第692页。

2 安达市市委：《关于目前城市工作的几个主要问题的报告》，中国城市规划设计研究院档案室，1962年。

图3-5 1961年刘少奇视察大庆,康世恩(左)陪同(来源:《康世恩传》)

图3-6　1961年邓小平视察大庆，康世恩（中）及张文彬（右）陪同（来源：《康世恩传》）

1962年，黑龙江省建筑设计院接受委托，在萨尔图沿滨洲铁路以西10公里外的让胡路设计新的指挥部工作区。让胡路将成为大庆的行政和科研中心。哈尔滨的建筑师设计了一个经典方案：50米宽的中央大道位于新区的南北轴线上，指挥部和中央公园位于大道的两端。指挥部——T形对称的三层高建筑楼群——南面朝向中央大道和城市公园，北面坐落在小山丘上。

余秋里看到让胡路设计方案，拒绝了这个"资本主义计划"，并批评当地领导人是"修正主义者"。[1]建筑被分配给大庆设计院、大庆石油地质研究院，而指挥部依旧留在萨尔图的2号院。

大庆领导人酝酿在建筑领域掀起一场革命。他们不准备建设"中

---

[1] 一个曾经在大庆指挥部工作过的设计师回忆："余秋里把他的军队作风带到了大庆。没人敢在他发脾气的时候讲话。"（大庆，2007年9月）

图3-7 1962年周恩来第一次来大庆视察，康世恩（左）及余秋里（右）在两侧陪同，余身后高个插手者为宋振明。背景为"干打垒"住房（来源：《大庆》画报）

心城市"，而是建设"社会主义新型矿区"。最初考虑的是中国农业社会理想的复制品，"男工女农"和"一井一户两亩地"。[1]但是这只能适用于采油厂，其他生产单位仍然需要适度集中。

1963年5月，石油工业部党组召开会议，讨论大庆油田矿区建设。余秋里重申他的观点，大庆应该"走自己的路"，一步一个脚印，根据国家的需求发展。大庆矿区建设不应仿照国外集中的石油城市的

---

1 根据访谈。

模式，建成如新疆的独山子或者兰州的西固。大庆的建设必须厉行节俭、立足实际，强调自力更生的精神。孙敬文将当时分散式的建设模式总结为"便利于生产，便利于生活安排，便利于职工子女上学就业，便利于城乡结合、工农结合"。[1] 随后，在全国城市建设工作会议上，康世恩根据孙敬文的总结，介绍了大庆的建设经验。

1963年10月25日，周恩来在讨论伊春林区和其他矿区建设时，建议林区和矿区都应走大庆模式："我看今后林区、油区没有其他工业的，就不要搞大城市。我看就是萨尔图这个办法，他们有四句话，叫做工农结合，城乡结合，有利生产，方便生活。这样就可以缩小城乡差别。"[2] 此后，大庆坚持根据十六字方针来建设矿区。大庆分散的、类似农村的"矿区居住点"，服务于工业和农业的用途，代表了一种与马克思主义"消灭三大差距"学说一致的社会主义实践。

---

1 余秋里:《余秋里回忆录》，第707页。

2 宋连生:《工业学大庆始末》，湖北人民出版社，2005年，第122页。

大庆的设计革命

6月初,油田终于迎来了春天。冰雪融化成无数池塘,野花装点了草地,也装饰了女工的绘图桌。在冬天的饥饿和狩猎中幸存的兔子和野鸭,开始在野外漫游。杂草和芦苇长到近两米多高。又一个辛苦工作的季节结束了。家属农场开垦了大片的农田,但耕种需要更多的劳动力。设计院的所有职工都被要求在繁忙的季节帮忙播种、施肥和收割。他们的笨拙经常激起家属们的笑声。

春天的风尤其猛烈。女人们用围巾裹起脸,阻挡沙尘和日晒。对于生长在城市的晓华来说,单调的农活十分新鲜。松辽平原的农田非常广阔,不像南方的小块农田。晓华很愿意为生产自己的食物而劳作,也享受辽阔的田野。但是除草十分辛苦,很快晓华的胳膊和后背都酸疼起来,手上也起了水疱。但她的精神被阳光、歌声和笑声治愈。年轻男女相互帮助、集体工作,变得更加亲密。

秋收后是大型的聚会。来自农村的家庭主妇将新鲜的食材——玉米、土豆和胡萝卜——送到食堂。在吃了一个冬天的粗粮后,这些都是美食。有时候食堂会在晚上送些水煮玉米到设计院的绘图桌前。安静的办公室立刻充满了热腾腾的玉米的香味,年轻人开心地一边吃着,一边交谈着。

大庆领导班子规定,任何丰收都是集体的。2号院的鱼塘捕捞后,鱼被送到了萨尔图每一个工作单位。一次,几个道路设计组的年轻人下班后回到采摘过的田地,捡了一篮子胡萝卜当作夜宵。结果他们被严厉批评,那篮胡萝卜被没收,送到了食堂。

晓华的第一个任务是设计墓地。她惊讶于新开发的油田会需要这样一个地方。后来才得知,墓地是为了纪念安装油井时因事故牺牲的烈士们。事实上,1960年后很多人牺牲了。这是一个让人难过的话题。和她共事的高级工程师戴先生看上去情绪也不怎么高。戴先生三十多岁,很瘦,明显营养不良——这是比晓华早两年来大庆的人的普遍特征。他很少公开讲话,刻意避开别人的注意,甚至不与人眼神接触。但是他从来不回避自己是基督教徒的事实,每餐前都会祈祷。晓华对戴先生的情感十分复杂。她很佩服他在公开场合祈祷的勇气。晓华的父亲也是基督教徒。部分是家庭背景的原因,她对激烈的政治活动保持距离。她还没成为共青团员,这在她的同龄人当中很少见。但她并不喜欢与戴先生一起工作时的离群感,这让她觉得没面子。

1963年春天,周总理访问之后,大庆领导人坚持建造"干打垒"来永久性解决住房问题。土木工程第四室的任务就是设计出"科学干打垒",一种可以存在"至少50年"的土坯房。科室指派最优秀的职工组建了工作小组。调查和实验都是"干打垒"设计工作的一部分。这次，晓华加入了规划石油村的队伍，在老陈的领导下"建设生活基地"。老陈来自印度尼西亚一个富裕的华人家庭。他是一个典型的广东人，皮肤黝黑，颧骨很高，眼睛大而深邃。他在设计院很受尊敬，也是公认的劳动模范。事实上，他让晓华想起了很多1960年来到大庆的早期会战人。他很瘦，长期营养不良，患有胃病，背有点驼。但是他从来不抱怨条件艰苦，高度投入到他的工作当中。同事们叫他"老陈"，表示尊敬。其实他还不到40岁，但在设计院已经算是资历深的。

在规划工作中，晓华认识了阿松最崇拜的人——油田的总工程师刘树人。在指挥部，刘树人主管生活基地规划。他曾在三四十年代为南京政府的资源委员会工作。就在1949年解放前夕，他被任命为玉门油田的负责人，他帮助玉门油田免遭国民党的破坏，将玉门油田平安移交给了康世恩。阿松在机关2号院跟随刘总工作，多次陪同刘树人去油田实地考察。"你看不出他是在美国接受的教育，看起来一点也不像一个高层领导，比我们年轻人工作还要努力。"阿松告诉晓华。

没有一次田野考察是容易的。当卡车陷入泥地的时候，刘总经常第一个从车上跳下来帮忙推车。有一次不管他们怎么推，卡车都出不来，泥点就像子弹一样射出，车轮越转越快，卡车越陷越深。他们试着将树枝放在轮胎下面，但也很快就被压坏了。刘总脱下他的军大衣，放在轮胎下，司机和其他年轻人很快跟着做。最后，卡车从这堆大衣上面开过去了。这情景给阿松留下深刻的印象。机关2号院的年轻人打心底里崇拜刘总。

和指挥部其他领导人一样，刘树人的工作十分繁忙。老陈和晓华要向他定期汇报居民点规划的进度。这些汇报经常被安排在深夜。他们很快吃完晚饭，搭乘6点的班车去萨尔图，在刘树人的办公室外等待几个小时，看到好几组人进进出出。当他们终于进去的时候，晓华看到一位穿着石油工人制服的高大男子，和普通的工人几乎没有什么不同，只是他的眼睛充满了智慧。

晓华的计划整体遵照建立分散居住地的原则，然后为每个生产指挥部设计了一个"相对集中"的中心城镇。这个计划被刘总无情地批评道："为什么现在设计院的年轻人思想这么过时？你为什么不敢抛弃过去死板的教条？想想油田的实际情况，想想我们国家的困难。你要忘掉资本主义城市规划的方法，做出真正革命性的设计！"

这是晓华第一次在工作上受到这么严厉的批评。这时候回到让胡路也太晚了，所以她跟着老陈去了一年前她住过的接待站。这一次她一个人待在房间里，想到她未来的日子都只能设计兵营一样的村庄，像农民一样工作和生活，每周在萨尔图和让胡路之间来回，她终于哭出来了。她"在一张白纸上画最新最美的图画"的天真梦想破灭了。

回到设计院，她的小组长小陈感觉到了她的沮丧，用他自己的故事安慰她。小陈和晓华一样来自江苏省。年轻毕业生们都佩服他的才华和痴迷，叫他"陈大师"。受过苏州工专古典美院式的建筑专业训练，小陈的手绘表现了完美的线条和渲染技巧，像艺术品。他是一个"设计狂人"，没日没夜坐在他的绘图桌前。1961年，油田领导要求陈大师按照中国传统乡村理想——"一户两亩地"，为油田工人和他们的家属设计住宅。这是他第一个重要项目，他非常热情地投入工作。过了一阵子，他所设计住宅的样板房造出来了。房子是典型的南方乡村，红瓦屋顶、白木窗框、黄土墙。"他们说看起来像土地庙。"陈大师失落地回忆。这个小房子设计了能够容纳两户人家的四个简陋房间，有五扇门、八扇窗——在南方具有良好的通风性，但在北方显然是浪费能源和材料。于是很长一段时间里，他在设计院的绰号叫作"五门八窗"，在大会上被公开批评。幸运的是，这些批评并不影响他的政治地位。在1964年之前，大庆对不同背景、不同意见十分包容。但是陈大师说，他从这些批评里学到了一课：设计师需要尊重当地条件，通过认真的调研节约建设成本。

在接下来几个月里，晓华和她的同事被要求对当地土坯房进行详尽的调查。他们拜访了几百户住在农村房子里的家庭，学习当地建筑经验，并与家属们交谈。这是晓华在油田和农民接触时间最长的一次。她并非来自富裕的城市家庭，但是当她拜访那些靠一份工资养活三四个孩子的家庭，看到这些农村媳妇为了更好的生活努力工作时，她意识到了巨大的城乡差距。当她站在这些晒黑了的劳动妇女面前，晓华感到一种小资产阶级式的痛苦。这种让晓华觉得没有意义、想要逃避的生活，就是农村妇女们的生存现实。

1963年底，设计院设计、建造并测试了实验性的"科学干打垒"。除了晒干的泥草坯，设计队伍尝试使用一些其他的当地建材。小片的木头汇集起来可以支撑曲线形的屋顶。大庆炼油厂的副产品沥青，与黏土、干草一起按比例混合，用于隔热保温，并为屋顶提供防水层。其中的困难是要设计出能快速建成、适应北方气候的地基。由于春天潮湿及冻土融化，传统房屋经常遭到结构性破坏。几次试验后，地基最后定为30厘米埋深，并在基础顶面铺一层3厘米厚的1∶5渣油土防潮层，墙身外围四周做渣油土排水坡。通风和供暖系统精心设计，避免火灾隐患，并引入足够的新鲜空气。和其他当地的土坯房相比，"科学干打垒"的墙壁更薄，屋顶被抬高，增加更多的内部空间。设计院还为家属和工人准备了建造手册。[1]

1964年春天，生活基地的大规模建设开始了。建筑师和建筑工人一起在萨尔图建起第一座工农村。一场"干打垒"建设的现场会议召开。各单位都派了代表学习新样式，开始自己的建设项目。生活基地没有总体规划，只是跟着石油勘探开发而拓展。年末，大庆呈现的大地景观成为流水线作业的产品。

"多、快、好、省"

大庆人以"多、快、好、省"的方式，将理想的社会主义城市建成一台工业生产机器。规划师维持了当地农民的住房标准，按照农村的方式建造房屋，创造了一种降低建筑成本的另类路径。第一眼看去，大庆去城市化的模式似乎与20世纪20年代苏联先锋派的倡议一致，尽管后者建立在乌托邦愿景上，而大庆则基于现实。由一模一样的房子组成的分散的村庄，标志着一种前所未有的新的生活方式，一个平等的社会。但大庆建筑是一种工业生产的实践，克服种种现实困

---

1 大庆油田建设设计研究院:《"干打垒"房屋的设计与施工》,《建筑学报》1966年专刊。

难，更关注功能性和经济性。装饰被认为是国家资源的浪费。大庆不仅发现了丰富的石油储量，同时实现了低成本的开发、没有城市化负担的工业化。

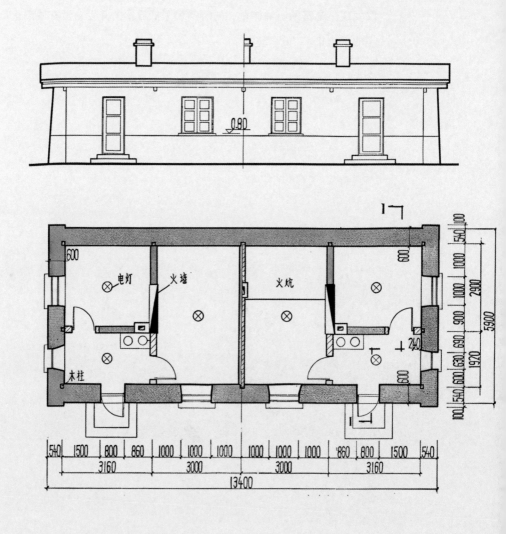

图3-8 大庆建设设计研究院的"科学干打垒"平、立、剖面设计,显示了设计师对于功能性和经济性的考虑(来源:《建筑学报》1966年专刊)

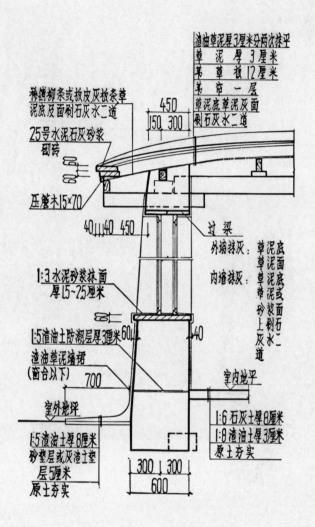

6502型职工住宅

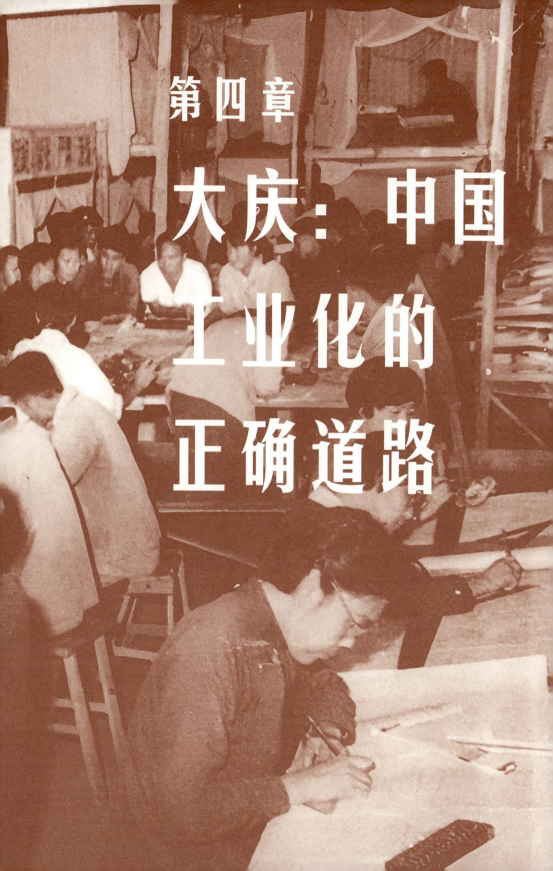

第四章

大庆：中国工业化的正确道路

1963年底，国家经济从严重困难中缓慢恢复，三年来首次开始恢复增长。1964年，中国国家领导人得以将他们的注意力从眼前的生存问题，转向长远的战略问题。一方面，他们越来越多地反思过去的经验，开展未来发展模式的讨论。另一方面，与全球两个超级大国对抗的危机迫在眉睫。中国和苏联在意识形态上的分歧已经公开化，党的理论期刊《红旗》援引列宁的话来批评苏联的"现代修正主义"。美国在1964年8月北部湾事件之后更大规模投入越南战争，而中国继续发展核武器的系列情报，可能引发中美对抗的危机。

发现大庆油田的消息在1963年底开始在高层干部中传播，1964年为大众所知晓。但是大庆的地理位置直到20世纪70年代仍然是最高机密。

学大庆

1963年11月17日至12月3日，第二届全国人民代表大会第四次会议在北京召开。11月19日，毛泽东出席大会，余秋里在会上发言，宣布石油工业部门是唯一实现甚至超越了"大跃进"时期所订立目标的部门。不仅大庆油田的开发速度令人吃惊，另一个新油田——位于山东省的中国第二大油田胜利油田——也已开始产油。周恩来在大会的闭幕讲话中，向与会的人民代表们宣布，中国经济建设、国防建设和人民生活所需的石油，不论在数量还是品种方面，基本上可以自给了。这一振奋人心的消息在会议大厅引起雷鸣般的掌声，这一宣告如同隆隆春雷，让成千上万的中国人欢欣鼓舞，也让整个世界震惊。[1] 1963年12月25日，《人民日报》激动地刊登了一条好消息："中国人民依靠洋油的日子已经一去不复返了！"

12月24日，中央书记处书记、北京市委书记彭真邀请石油工业

---

1 一年之后，中国原子弹爆炸成功。参见 John W. Lewis and Xue litai, *China Builds the Bomb*, Stanford University Press, 1988。

部部长向在人民大会堂和首都体育馆的干部们介绍大庆石油会战的经验。[1]超过5.6万名来自中共中央机关、国务院和北京市级机关的干部聆听了这次报告。这是许多干部第一次听说大庆。康世恩首先告诉与会者，大庆发现的大油田已经投入生产，三年70亿元的国家投资不仅已经全部收回，而且还有45亿元的利润贡献。康世恩表示："这个会战更重要的收获，是培养和锻炼了一支队伍。这支队伍经过艰苦的锻炼，思想觉悟大有提高，组织性、纪律性得到了加强，技术水平也有很大进步。"康世恩还讲了大庆劳模的故事，他们战胜困境的英雄精神和坚强意志，讲了自主建造"干打垒"和农垦对会战成功的贡献。

彭真在康世恩做报告的过程中热情洋溢地做了六十余次插话。大部分是关于会战的"革命动员"和大庆人民的英雄精神：

> 他们那个时候很困难，有人说搞工业还有这么个搞法的？余秋里他们简直是胡闹，那一下子要死多少人啊！所以他们就下了个决心，准备这个会战打下来，伤亡两千人，但争取一个不伤亡。这也是个辩证法哩。老百姓有句俗话，你听拉拉蛄叫就不要种地了，那怎么行？他几万人，准备死两千人，可是争取一个不伤亡，最后就是病了两百多人。真正锻炼出一支产业军。现在石油自给了，这句话讲起来世界震动，是经过那么个艰苦奋斗。如果我们国家都这么艰苦奋斗，那发展就比较快了。
>
> 共产党员就是要在极恶劣的条件里面去完成光荣的任务。这靠什么呢？就是靠一个革命精神……就得搞这么一支队伍，搞产业军。我们党的组织性、纪律性，解放军的战斗作风，它的来源是无产阶级，无产阶级的组织纪律性。解放军天天练打仗，打仗的时候，不是你死，就是我活，一点一滴的毛病，都是生死存亡问题，所以它就把无产阶级的战斗作风，无产阶级的组织性、纪律性，无产阶级的思想意识更加集中提高了。我们产业这个军……就是要按这样一套办法搞，组织这么一个队伍。康世恩当过解放军，他也是清华的学生……你看他现在，学生味儿比较少……

---

1 雷厉：《历史风云中的余秋里》，中央文献出版社，2007年。

党的老干部，是党的宝贵财产，但是老干部要提拔后继人。[1]

接着，根据彭真的点评修改的报告，由中共中央向全国各地的基层干部传达。报告强调"社会主义的现代化企业的革命化"，人民将"革命精神"转化为"革命作风"，激发"革命活力"。中央在传达文件时写明："大庆油田的经验虽然有其特殊性，但是具有普遍意义。……不仅在工业部门中适用，在交通、财贸、文教各部门，在党、政、军、群众团体的各级机关中也都适用。"大庆被描述为"多、快、好、省"发展的样板。该文件标志着一场学习大庆的全国性运动的开始。

大庆的成功使得中央领导人特别是毛主席相信，大庆可以成为中国社会主义建设的典范，大庆的领导干部有能力成为"革命的接班人"。1964年1月，余秋里被请进毛泽东在中南海的办公室。周恩来、陈云、邓小平、李富春和李先念等主抓经济工作的国家领导人也都在场。余秋里被要求向毛主席再汇报一次大庆经验。他犹豫是否重复相同的内容，毛主席已经在全国人民代表大会上听过了，但是主席鼓励他再讲一遍。

1964年2月10日，党的关于大庆的学习文件发出五天后，《人民日报》刊发了大寨公社的情况，大寨与大庆相对应，代表了农业领域的先进典型。这两个生产单位是毛泽东思想价值观的缩影，比如群众力量、源于主观能动力的英勇行为。"工业学大庆，农业学大寨，全国人民学解放军！"成为当年的口号。

在1964年举行的许多活动中，毛泽东都提到了余秋里和石油工业部。2月，在春节座谈会上，毛泽东说：要学解放军，要学石油部。石油部大庆油田7亿多投资，3年时间，建成600万吨的油田，100万吨炼油厂，投资少，时间短，收效快，多快好省。"[2]

1964年3月，毛泽东再一次提到大庆："石油部作出了伟大的成

---

[1] 温厚文等：《康世恩传》，第225—227页。

[2] 雷厉：《历史风云中的余秋里》，第14页。

绩。它既振起了人们的革命精神,又搞出了600万吨石油。而且还不只是600万吨石油,还有100万吨的炼油厂,质量是很高的,是国际水平。只有这样,才能说服人嘛!"[1]

1964年9月12日,毛泽东在听取李富春汇报计划工作时说:"我认为大庆油田是有中心思想、有论证的。余秋里把全国石油系统的力量集合起来打歼灭战。他是违背计划来办事的。他们是一无公路,二无粮食,三无房子,能够打歼灭战。"[2]

1964年12月26日,余秋里和"铁人"王进喜——大庆最有名的劳模,受邀参加毛泽东的71岁生日会。其他客人还有大寨书记陈永贵,主导中国核武器研发的钱学森,自愿下乡参与农业生产的男女学生董加耕、邢燕子。毛泽东开场致辞说,这次的目的是和工、农、兵的代表"吃顿饭",而不是庆祝他自己的生日。他再次表示大庆应该成为中国工业的典范,他曾说过:"中央有几十个部门。明明有几个工作成绩工作作风较好的部,例如石油部,别的部却视若无睹,永远不去那里考察研究请教一番。"[3]席间,毛泽东突然说:"你们不要翘尾巴,一辈子不要翘尾巴。有些人不好,尾巴翘得太高了,要夹着尾巴做人!"[4]

炮轰"独立计划王国"

"大跃进"的失败影响了毛泽东对指导国家经济问题的信心。1959年,毛泽东在多个场合表示,应该让陈云领导经济领域的工作。[5]当大庆的成功模式出现在严重困难的废墟之上时,中国领导层也在寻找一种不会造成灾难性后果的另类发展路径。在大庆领导班子的协助下,

---

1 雷厉:《历史风云中的余秋里》,第14页。
2 同上书,第14—15页。
3 同上书,第14页。
4 宋连生:《工业学大庆始末》,第176页。
5 胡乔木:《胡乔木回忆毛泽东》,人民出版社,1994年,第15页。

毛泽东对经济工作的批判，成为无产阶级"文化大革命"的前奏。

第三个五年计划的起草工作始于1964年2月，1966年正式实施。基于陈云的建议，在预备阶段关于工业和交通的长期规划会议上，粮食生产将作为国家发展的重点。李富春、李先念、谭震林和薄一波是负责制订"三五"计划的中央领导人。该计划被称为"吃、穿、用"计划，强调提高生产质量，增加短缺生活用品供应，并削减军事和国防工业的开支。根据他们最早对于"三五"计划的设想，农业将获得20%的国家投资，相较之下，"一五"计划中农业投资仅占7.1%，在"二五"计划中占11.3%。据测算，五年建设之后，国家粮食产量会在1970年达到2300亿公斤，年均粮食消费量至少达到每人212.5公斤。[1]

毛泽东第一次听李富春汇报初步计划时，没有表示反对。伴随着中国与美苏关系越来越紧张，他的态度变得更具批判性。在冷战的高峰时期，尤其是1962年10月古巴导弹危机之后，毛泽东开始担心核攻击问题。苏联和美国都曾针对对方进行过大规模的军事演习。蒋介石一再叫嚣反攻大陆，中国与苏联的边界冲突也愈演愈烈。1962年，中印边境战争爆发；1963年7月，苏联在蒙古增派军队。

1964年5月，国家计委在北京召开的中央工作会议上汇报了五年计划的初步纲要。与此同时，国防部长罗瑞卿提交了一份中国战备情况的评估报告。[2] 报告提出工业和人口过度集中的问题。据估计，14个"超大"城市（即人口超过100万的城市）拥有中国60%的民用机械工业、50%的化学工业和52%的国防工业。此外，这14个超大城市，再加上20个人口在50万到100万之间的大城市，大部分都集中在沿海地区，很容易被空袭摧毁。因此毛泽东倾向于实施"三线"战略，在中国西南建立新的工业基地，在"三五"计划中作为"吃、穿、用"之外的重中之重。他指出，由于美国可能卷入对华的侵略战争，工厂集中在城市，特别是沿海，不利于国家发展战略。他认为，国家发展

---

[1] 刘国光主编：《中国十个五年计划研究报告》，第259页。

[2] 《60年代三线建设决策文献选载》，《党的文献》第3期，1995年，第33—48页。

战略应更多布置于内陆地区,应该集中力量建设分散的工厂和机构。他还建议一些重要的国家单位和文教机构,比如,北京大学,应该把部分活动转移到内陆。[1]

  国家计划工作者把"大跃进"和随之而来的严重困难视作国家计划的失败,因此需要更周密的计划。但是,毛泽东认为,问题主要在于计划体制的僵化。因为过去的计划都基于苏联模式——比如,首先设定钢铁的生产配给,其次是计算所需的煤炭量、电力供应和运输能力,随后计算所需的劳动力和可能增加的城市人口和福利服务——这很难与复杂的现实情况相协调。五年计划并没有考虑到自然灾害、战争或潜在的国际援助。毛泽东因此要求改变计划工作方法,计划"需要革命"。但是计划工作要进行什么样的革命?国家计划工作者并没有意识到,毛泽东已经有了方案。

  1964年8月2日,北部湾事件预示着美国将在越南战争中投入更多精力。这时,中国的核武器试验也到了关键时刻。美国很有可能联合台湾的蒋介石当局,直接攻击中国在兰州和包头的核武器设施。[2]毛泽东因此开始更加积极地推动三线建设。

  在毛泽东的指示下,6月,国家计委派出工作组,尽快确定三线项目的位置。然而,国家计划工作者和地方政府无法在两个月内在未来的钢铁工厂项目选址上达成一致。很多计划工作者对落地攀枝花的可行性提出了质疑。尽管毛泽东偏好这个选址,这是一个与四川、云南、贵州交界的山区,缺乏建设可用的土地,道路不通。毛泽东对国家计委工作不满:"计委、经委都不汇报工作,封锁我和少奇同志……我把陈伯达塞进去,才搞了一点消息。"陈伯达是中共重要的理论工作者,很快也将成为"中央文革小组"组长,在1962年始成

---

1 薄一波:《若干重大决策与事件的回顾》下卷,第1198页。

2 William Burr and Jeffrey Richelson, "Whether 'to Strangle the Baby in the Cradle': The United States and the Chinese Nuclear Program, 1960-1964", *International Security* 25, no. 3, pp. 54-99.

为国家计划委员会副主任。在1964年8月,李富春询问陈伯达对年度计划工作总结的意见时,陈伯达回信指出,计委应该改变他们"拖拖沓沓的作风",加快三线建设,"毛主席在1958年给我们提出的许多重要的指示,我们还没有进一步地、认真地去研究它,还没有进一步地、认真地去执行它"。陈伯达随后把这封信的抄件呈送毛泽东。毛泽东转发给所有省级党委,并添加批示:"计划工作方法,必须在今明两年内实行改变。如果不变,就只好取消现有计委,另立机构。"[1]

毛泽东对李富春的评语明确而严厉:"你们不搞攀枝花,我就骑着毛驴去那里开会;没有钱,拿我的稿费去搞。""你们革命好,不革命也好,今明两年再不改,要另立机构。"[2]

李富春和他的小组努力工作达到主席的要求。他和薄一波都亲自前往西南,传达毛泽东的指示,选择攀枝花作为未来钢铁工业的基地。11月,当李富春回到北京时,等待他的是国家计划委员会的改组计划。

"小计委"

毛泽东在考虑改革计划部门时,显然想到了余秋里。在9月份向李富春提到大庆和余秋里之后,他在1964年10月的政治局会议上,要求比李富春年轻20岁的余秋里给国家计划委员会"带去新工作"。有争议认为余秋里只是一员闯将,但毛泽东回应:"余秋里做计委副主任不行吗?他只是一员猛将、闯将吗?石油部也有计划工作嘛。"周恩来总理补充,这一举措是"去冲破一潭死水"[3]。

上午会议结束后,周恩来简要与余秋里谈了谈他未来的职务。下午,毛泽东又问政治局委员:"准备叫余秋里搞计委第一副主任,你们

---

[1] 房维中、金冲及:《李富春传》,中央文献出版社,2001年,第639页。源于毛泽东同各中央局书记的谈话,1964年8月30日。

[2] 房维中、金冲及:《李富春传》,第632、639页。

[3] 雷厉:《历史风云中的余秋里》,第15页。

看行吗?"

这一次没有异议。毛泽东高兴地说:"我看这个人行。我们现在有些人只问小事,不问大事。"[1]

几天后,大概和余秋里及"铁人"王进喜参加毛泽东生日会同时,中共中央委员会宣布了余秋里的任命。1964年的最后一天,他正式与国家计委委员们见了面。根据毛泽东的建议,在周恩来的直接领导下,国务院设立了一个计划参谋部,负责"抓大的战略问题"。计划参谋部后来被称为"小计委",原"大计委"主要负责处理计委的日常工作。计划参谋部成员包括:建筑工程部李人俊、浙江省委副书记林乎加、北京市委书记处书记贾庭三,以及陈伯达。随后,应李富春的要求,所有小计委成员兼任国家计委副主任。直到1980年,余秋里一直事实上承担着计委主任的职责。

同样在1964年的最后几天,大庆地方领导接到余秋里的指示,所有机关——也就是所有行政办公——都留在原来简陋的"干打垒"里,砖房都用于公共服务;不再加盖楼房;让胡路的大庆机关区规划被突然叫停。由此,大庆建设模式的经济理由变为政治性的。发展战略的路线斗争表征为泥与砖,或平房对多层建筑之争。

三线建设

1965年,余秋里主持制订了"三五"计划。计划总体目标被调整为"帝国主义将对中国发动侵略战争"的可能做准备,因此要在西南地区建立战略后备基地。在"一五"期间,苏联和蒙古都被视作中国可靠的盟友。外部势力的入侵更有可能来自东方或南方。因此,在"一五"计划期间,北方是防御的腹地。基于这一思路,在苏联专家指导下,大部分主要项目都被建在中国北方地区。[2] 但是,在"三五"计

---

[1] 雷厉:《历史风云中的余秋里》,第16页,根据毛泽东在中央工作会议上的讲话记录,1964年12月20日。

[2] 苏联援助项目选址尤其高度集中于东北和内蒙古地区。

划期间，战争的威胁不仅来自沿海，也来自北方，同时还有核战危机和可能的空袭。因此，中国三线项目撤退至西南山区。

"三五"计划大幅提高了国防、冶金、化工、交通等工业对内陆建设的投资比重，必然会减少沿海地区的投资，以及农业、教育、城市住房和轻工业方面的支出。正如毛主席所概括的，抛弃"吃、穿、用"计划，取而代之的"三线计划"是为了"备战、备荒、为人民"。[1] 面对新事业的巨大挑战，余秋里留下许多原国家计委高级干部继续工作，国家计委仍然由周总理直接领导。

毛主席特别重视"三五"计划的制订。与他对李富春的严厉态度相比，毛泽东对他挑选的"革命接班人"是宽容的。他鼓励余秋里大幅降低增长目标，为未来留下余地。在一次对话中，毛泽东问了余秋里和谷牧的年纪。当毛泽东得知他们俩都五十岁左右时，他说："以后国家的事情就靠你们了。我们只能当参谋、顾问，办事情靠你们了。"[2]

在"计划革命"之后，"三五"计划在投资和生产指标方面相对保守。农业计划增长率定为5%—6%，工业计划增长率定为11%。[3] 根据公布的官方数据，尽管出现了严重的政治动乱，中央对国民经济的控制能力弱化，这些计划目标仍在1970年底完成。农业生产每年保持4.5%的稳定增长，高于"一五"计划时期。由于迅速扩张的石油工业，工业生产年增长率达到9.6%。此外，由于在国防工业领域投入大量资源，"三五"计划取得了显著成就。1964年10月，中国第一颗原子弹爆炸成功，之后于1967年成功爆炸了第一颗氢弹。胜利油田——大庆之后的中国第二大油田——在1968年投产。同年12月，南京修建的跨江大桥竣工。1970年，中国第一颗人造卫星进入绕地轨

---

[1] 薄一波：《若干重大决策与事件的回顾》下卷，第1211页。

[2] 雷厉：《历史风云中的余秋里》，第20页。

[3] 1965年，农业生产总值增长了8.3%，而工业生产总值增长了26.4%。这一高速增长势头一直保持到1966年发动"文化大革命"。

道。尽管有批评指出三线项目效率低下、浪费资源，但该计划也为中国内陆地区的发展做出了巨大的贡献。成昆铁路、宝鸡（陕西）—成都铁路等连接西南的重要铁路干线相继建成。超过63项重工业项目建成投产，包括湖北十堰第二汽车厂。四川、云南、贵州等西部省份，受惠于国家主导的大规模投资，建立起了他们的重工业基地。

在"三五"计划期间及之后，石油需求快速增长。石油预期在中国能源供应中占据更大份额，大庆模式成为未来工业增长的助推器。

油田工农村

1963年12月25日,大庆人聚集在一起,收听中央人民广播电台赞扬大庆油田为国家做出巨大贡献。听众的眼中闪烁着泪水,脸上满是喜悦,广播中传来铿锵有力的声音:"中国人民依靠洋油的日子已经一去不复返了。"晓华心中充满了自豪感。他们对国家的贡献终于得到承认。他们的艰苦奋斗和辛苦付出回报丰厚、意义非凡,是中国实现历史性变革的伟大征程的一部分。此后,晓华对在大庆"吃苦"的心态开始发生变化。她开始按照指挥部1963年底倡导的大庆作风做事:"当老实人,说老实话,办老实事。"

1964年的主要任务是规划干打垒村。对于晓华来说,这项工作始于田野调查,终于实地规划。矿区建设工作小组走访了每个机关,规划设计生活区。这意味着无数次乘坐解放牌卡车前往广阔的田野。咨询客户——家属——是设计工作的特定部分。这被称为"设计革命":与工人阶级相结合,与人民群众相结合,与实际相结合。家属们通常更关心公共服务,比如托儿所、餐厅、供水和厕所。指挥部则希望降低建设成本。根据学校里学到的知识,晓华想努力摆脱单调的军营式的总体规划,但是这些努力大多被忽视了。家属们并不在意样式和形态。工人们更喜欢标准化

图4-1 晓华和同事们调研"干打垒"住房(1965年。来源:晓华)

图4-2 晓华和同事们在春天的田野里工作(1965年。来源：晓华)

的军营式方案。多样性将给建筑增加成本，也会给劳动者增加负担。

在阳光明媚的夏日，晓华走在草原上，她能够看到几里外的简易土坯房，顶着经过他们精心设计的弧形屋顶。野兔伴着她愉快地前行。老陈和老宋走在前面，在草丛和水塘间开辟道路。晓华和其他女同事跟着，不时驱赶当地的大蚊子。这些充满攻击性的蚊子能咬穿人的衣服，比晓华以前遇到的小蚊子咬得要疼多了。在大庆的第一个夏天，晓华的手头很紧，买不起蚊帐，后来被蚊子咬得发起了烧。

大庆：中国工业化的正确道路

冬天，田野工作就不那么浪漫了。刺骨的寒风像一把刀，卷起冰雪，刮到他们脸上。男人们带着工具去建筑工地测量，晓华在一旁核校蓝图。如果他们足够幸运，就能在午餐的时候找到一个半塌的"干打垒"临时休息。晓华学会了吃冷掉的窝窝头搭配白酒来抵御寒冷。

1964年，设计院和地质院搬到了让胡路两栋对称的三层办公楼里，中间是会议中心。晓华并不知道这两栋楼原本是为油田机关建的。冀南把它叫作"天宫"，它以突出的高度、宏伟的柱子和宽大的钢框玻璃窗，在一群平房中鹤立鸡群。当设计院搬进新楼后，女职工住进了设计院原来的办公室。每个人都有了比以前更多的空间，原本的托儿所开始向家庭开放。

在田野工作中，设计院发起了"技术竞赛"，这是开展"全国学人民解放军"运动的一大内容。设计院组织了一些比赛，比如绘图比赛、珠算或算尺比赛、测量定位比赛。这些活动给忙碌的日常生活增添了色彩。

接下来还有"评功摆好"的仪式。参加仪式的劳模坐在他或她的同事中间。每个人都用一两句话表扬劳模。好事可以是牺牲自己的需求来保护国家财产，或者捡起一枚掉在地上的螺丝钉。有才艺的职工用东北流行的二人转进行表演。仪式结束后，劳模会被人群举起，四处游行，其余人高喊口号，高唱革命歌曲。晓华总觉得尴尬，不想参加这种戏剧化色彩浓厚的活动。

1964年末，"四清运动"开始。其目的是清政治、清经济、清组织、清思想，揭露阶级敌人和腐败干部。这是大庆油田发现以来第一次大规模的政治运动。大庆指挥部建立工作小组，开展"四清运动"。同事之间的关系突然变得紧张。每个人都被要求做出公开的自我批评，从党内领导开始。当晓华听到土建室的领导说不能在办公室里唱"资本主义"歌曲时，她低下了头，感到非常难过。她热爱歌唱，她知道她的同事们也十分喜欢。但台下的人没有什么反应，大多数人都保持沉默。会议结束后，工作小组私下暗示晓华，如果她觉得领导的自我批评足够诚实，她就应该说出来。因此，当领导开展第二轮自我批评时，晓华站起来说："作为一名群众，我觉得我们领导做了真诚的自我批评。我认为应该接受他的自我批评。"于是领导的自我批评通过了。晓华并不认为领导犯了什么大错，但是她觉得这样被人操纵不太舒服。

当自我批评开展到群众时，就不那么容易了。小黄是晓华在道路小组的好朋友，也是同济大学的毕业生，他被指控违反了国家保密规定。他向一位朋友提到他在大庆油田工作，而不是农垦场。他的朋友不知道大庆的位置还是国家机密，公然在给小黄的信上写上黑龙江省萨尔图"大庆油田"。而小黄父亲是华侨的事实，也使得这一无意的失误被视作国家机密的泄露。另一位同事则因为丢失了笔记本而被批评：每一本工作笔记都被要求登记，并在用完后上交。陈大师由于对新奇的设计风格和"华丽"装饰的追求而被批评。晓华的错在于她的专业——一个城市规划工作者，对不规划城市态度不坚定。她不太好的家庭背景、她有个哥哥在台湾，以及她还不是一名共青团员，所有这些都被尽职地记录了下来。"四清运动"不仅暴露了每个人不光彩的过去——晓华的许多同事都有"黑色"家庭背景，很多人都出于和晓华一样的理由来到了大庆——也在单位里引发了一轮新的猜疑。从那以后，晓华觉得原有集体间的团结被破坏了。她在集体中曾经感受到的温暖和凝聚力一天天消逝。

运动一结束，晓华就被要求递交加入中国共青团的申请。于是，24岁的她终于成为一名共青团员。

晓华和阿松在大庆的第三个春节，物质条件有了很大的改善。三年后，他们能够给对方买一块上海牌手表当作新年礼物。他们每月工资共50元，再加上6—10元的奖金。晓华每个月寄回家30元帮她爸爸还债，阿松每月寄回40元帮家里减轻负担，所以花120元买一块手表，对他们来说相当奢侈。但他们很能存钱，因为油田的住房、公共服务、交通和医疗都是免费的。他们甚至不需要买衣服，因为每天都穿着相同的工服。他们唯一的支出是吃饭。

一天在食堂，做绘图助理的漂亮女生小李，在晓华后面排队。突然她大声说："晓华，你以为你是谁？你不就是个同济大学的毕业生吗？"

整个人群都听到了她的话。晓华的脸都红了。她拿过午饭很快就走了。晓华不明白小李为什么要公开说这些话。不久，大家发现小李不再工作了。她表现出严重的心理疾病症状，被父母带回了家。晓华不知道她是因为受到了批评，还是因为过于想在大庆找到一段合适的感情。几个月后，小李回到设计院一阵，但不久病情又发作，她的父母再一次把她带回家，她再也没回到大庆。这个漂亮女人的悲惨命运和她说过的话，在晓华的大庆记忆中留下了深深的烙印。

1965年，生活基地的详细设计完成，开始建设工作。设计师需要每天去各个村的建筑工地。由于汽车总站在萨尔图，所以他们要先到萨尔图，然后再去各个不同的目的地。这行程无法在一天之内完成，设计院被分配到了机关2号院的一间"干打垒"，后者被用作临时办公室和宿舍。晓华很高兴能搬到萨尔图，因为2号院就在阿松的办公室旁边。他们不用再痛苦地上下班。但是，阿松和晓华在工作日依旧很难见面。他们早上被派到不同的建筑工地，下午很晚才能回来。政治学习之后，就是小组会议。小组会议后，他们还要调整规划蓝图。工作日从来没有在午夜前结束过。

然而，在一些有意无意的场合，阿松和晓华还是能在同时同地相遇。这是晓华最快乐的时刻。有一次，他们一起前往为交通部门职工所建的乘风庄调研。乘风庄坐落在一个池塘边。他们午饭的时候就坐在池塘边上，看着蓝天白云倒映在平静的水面上，轻轻哼唱他们最爱的歌曲。还有一次他们都被派去了红卫星村。工作结束后，交通车延误，这对年轻的情侣悠闲地穿过玉米地和大草原，走回了让胡路。

临近1965年年末，主持"科学干打垒"项目的老陈，和在结构工程上做出杰出贡献的老刘，被评为设计院的劳模。在年终典礼上，他们在台上受到表彰，被授予了大红花。正好是小钟上台把大红花系在老刘身上。观众的鼓掌更加热烈，因为所有人都知道他们要结婚了。这一年，设计院的很多情侣都结了婚，小钟和老刘的婚礼很简单。设计院给每对夫妇都分配了一个单间，提供了基本的家具，包括一张双人床、一张桌子、两把椅子和一条新被单。他们土建室的同事们出钱给他们买了一个热水壶、一个洗脸盆和几个搪瓷杯作为新婚礼物。这些都是在大庆组建起新家庭的必需品。结婚当天，他们没有举办任何仪式。一群朋友挤进了他们的"干打垒"，新人提供了糖果和瓜子。一些男性朋友拿这对新婚夫妇开玩笑，鼓励他们分享恋爱故事。小钟和老刘笑得羞涩，脸红从头上蔓延到了脚底。

大庆没有城市总体规划。大庆的规划部门只关注石油生产规划，比如油田的分区、石油生产单位的空间分布、生产设施的建造以及基础设施的连接等。大庆油田呈带状，南北方向延伸140公里，根据开发顺序，分为几个油区：第一采油厂位于中心，在萨尔图火车站周围；第二采油厂在萨尔图往南几里处，第三采油厂则在北面；第四、第五采油厂位于更南边，靠近最先发现原油的大同镇；第六采油厂则在萨尔图西北部的喇嘛甸油田。其他辅助部门靠近萨尔图，但仍有些距离。比如建设指挥部在萨尔图西北部的红卫星村，交通指挥部在让胡路往南二三十公里的乘风村。

在工农结合、生产生活结合的原则下，发展出三类生活区建设方式。首先，对于那些固定却分散的工作单位，比如采油厂，采取在单位附近建立分散"居民点"的方式。其次，对于那些固定且集中的工作单位，比如注水站、研究机构等，采取在单位附近建立大规模的"中心村"的方式，并在外围地区建立居民点，以满足单位员工家属的农业需求。再次，对于移动的基建队和钻井队，生活基地建于油田勘探的前线。直到1966年，大庆才有了可用的地图来定位这些居民点，之前这些地点都是通过现场的实地踏勘来确定的。规划师通常选择工作单位的高地（如果有的话）来作为未来的居民点，因为到春天平原会遭遇严重的内涝问题。

随着油田继续在松辽平原建设，这些村庄、居民点与道路和电网逐渐连接起来。每个居民点的中心都有自己的水房，提供管道热水，外围还有一个公共的旱厕。中心村可能会有更多的日常服务设施，比如杂货店、粮站、理发店、澡堂和诊所。60年代及70年代初期，小学和中学开始出现在村庄里，因为油田第一波婴儿潮出生的孩子到了上学的年纪。由于学校建设需要更大的公共空间，而土坯房无法满足这一需求，因此学校基本都是砖房。独栋的学校砖楼，矗立在一群低矮的土坯房中间，简直"鹤立鸡群"。

大庆所有居民，不管他们是什么职业、年龄、家庭规模，"科学干打垒"都是他们的标准住房。年轻的夫妇或单身汉通常与他人分享

图4-3 第一个"科学干打垒"村：红卫星村（1965年。来源：同济大学城市规划系档案馆）

两居室，而带孩子的家庭往往住一个整居。这样，在"非生产性"建筑中，没有更多的设计工作。相应地，建筑师用他们的时间和精力，去设计油田里"生产相关"的工业建筑。

60年代早期，大庆油田所呈现的大地景观包括：一、三个小镇——萨尔图、让胡路和龙凤——在滨洲铁路沿线的北边，彼此距离在5到10公里；二、在从铁路向南延伸的带状区域内，混杂着油井、住宅和农田；三、与石油开采加工相关的工业设施分散各处；四、公路网络连接干打垒居民点和生产单位。这些景观更像乡村而非城市，尽管它们是工业和农业的结合。大庆人民医院和大庆设计院在十几年里，都是大庆仅有的楼房，相当于当地地标，提醒新来者他们来的不是农村。

红卫星村

红卫星村是大庆第一个模范村。这里不仅坐落着大庆油田建设指挥部，同时也是部门员工和家属的生活基地。在70年代末，这里拥有51846平方米的住房，为1415户7628名居民提供住宿。[1]

该村由一个中心村和四个居民点（二、三、四、八村）组成。中心村共593户，居民点户数从100到300户不等。居民点以村庄为中心，距离几乎相等：二村、三村、八村都在一公里以内，而四村距离中心村约两公里。图4-4显示了中心村位于两条主干道的交叉口，道路的分岔路连接居民点，居民点连接通往单位的路。图4-5是二村的总体规划图。隶属于油田建设指挥部的三个基建队的办公室，不是位于村子的外围，就是与村子隔了一条路。公共服务在村子的中心，学校的位置相对比较边缘（远离交通线路）。服务农业生产的办公室位于村子和农田之间。

聚居地的布局构成一个简单而通用的矩阵。一模一样的土坯房以相同的间距排列。黑色的抹了沥青的弧形屋顶，棕色的土墙，刷了蓝漆的木檐、门和窗框，以及绕着村子自然生长的绿色白杨树，构成了所有居民点的统一景观。在居民点内，道路没有铺装，而是夯实的土路。电线杆和管道组成的网络为每家每户提供电力及天然气。这里没有入户的自来水或管道排污系统，但有公共水房，为居民提供冷水和热水，居民们也在这里洗衣服。污水通过开凿的明渠流向临近的河流池塘，和其他农村地区一样。

创业庄

创业庄是一个工农结合的典型村庄，由家属们参与建造，也是大庆的早期居民点之一。村庄的出现与大庆石油会战刚开始时大庆涌现的模范家属有关。居民点与萨尔图指挥部相距35公里，靠近薛桂芳和她同伴开荒的土地，即"五把铁锹闹革命"的发生地。在1963年和1964年，村庄已成为钻井工人的生活基地，以及家属的集体农场。80%的工人在钻井前线工作，偶尔回到村里短暂休息。

---

[1] 国家建委建筑科学研究院城市建设研究所：《城镇居住区规划实例1》，中国建筑工业出版社，1979年，第4页。

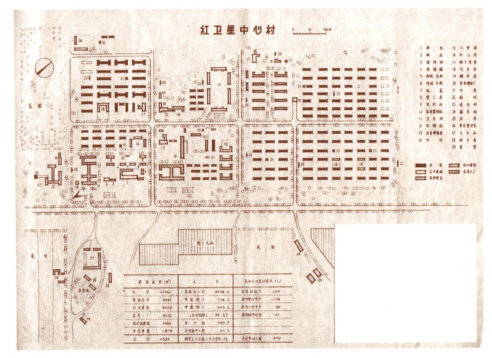

图4-4 红卫星中心村总平面图（来源：大庆设计院）

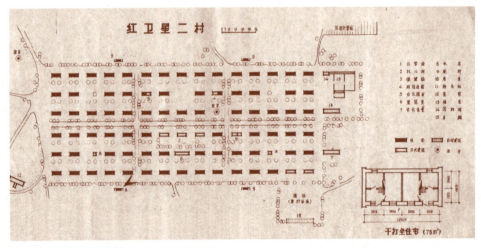

图4-5 红卫星二村总平面图（来源：大庆设计院）

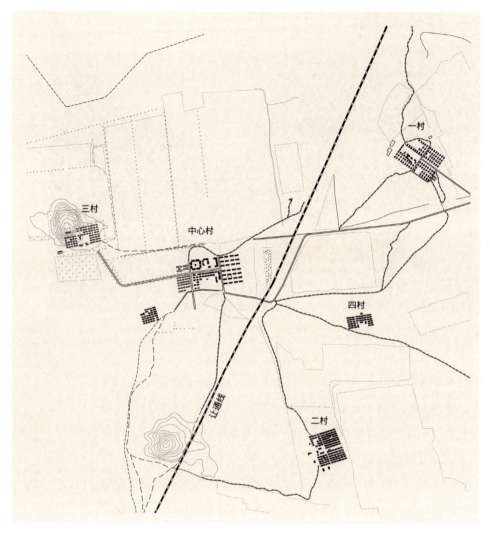

图4-6 创业庄居民点集群：中心村及四个居民点（来源：作者根据1966年地图重绘）

  当男人们离家钻井时，家庭主妇扛起了建设维持家庭的所有责任。大庆的大部分"干打垒"用的是家属在家生产的土坯砖，然后专业的男性队伍来帮忙建房子。在建设过程中，一些女人成了熟练的木匠、瓦匠、电焊工和玻璃工，而这些活计传统上往往由男性来做。[1] 女

---

1 《战报》1964年12月10日，第2页。

图4-7 创业庄家属们走在村里的土路上（1977年。来源:《大庆》画报）

性定期开展政治学习、技术学习和军事训练，她们也是女民兵的成员。

创业庄，包括一个中心村和四个居民点：创业一村到四村。中心村和居民点的距离约为1.5公里，中间有农田。中心村位于几何中心，通过铺好的道路连接四个居民点。到1978年，创业庄有667户2255位居民。[1]中心村和创业一村及二村都有100—200户人家，其他两个居民点稍微小一些。中心村是萨尔图的缩小版：指挥部的庭院位于东西走向主干道的北边，面对着南边的一排土坯房。公共建筑附近的开放空间是为群众集会和露天剧院预留的。

作为示范村，创业庄试图实现高水平的自给自足。在农业生产方面，该村是一个全方位合作的公社。社区为所有家属提供粮食，牲畜养殖、鱼塘、果园和菜地为家庭成员和前线钻井工人提供副食。每

---

[1]《对大庆经验的政治经济学考察》写作组:《对大庆经验的政治经济学考察》，人民出版社，1979年，第322页。

个居民点都有自己的育儿设施、赤脚医疗站[1]、开水站以及公共厕所。中心村承担最多的公共服务,包括家属管理站,卫生诊所,小学、初中和高中,百货商店、粮店,经济服务队(可作邮局、存款点、阅读区),一般服务队(理发、澡堂、厕所、维修),以及食品加工坊(生产自制的面包、酱油、醋和酒)。村庄还提供农业生产服务,比如农业技术站、集体农业机器、气象观测站和退伍军人服务。

村庄为村民提供"从摇篮到坟墓"的公共服务,以降低往返中心镇的需求。在70年代中期,二村有59名参与集体生产的家属,其中,报道称30人有7年没有出过村,剩下29人从搬过来以后就再没有出过村。[2]

图强村

第二采油厂成立于1964年11月。采油区在萨尔图站以南。早在1964年4月,采油厂厂址选定之后,大约有150名工人从第一采油厂基建队抽调过来,在6个月内建起100幢"干打垒",总建筑面积7965平方米。到11月,干部、员工开始陆续进入。"干打垒"建筑不仅用于生活,还用于办公。冬天,黑龙江三建公司开始在图强村中部建设砖、木材质的办公室,宿舍,食堂和澡堂,总面积4966平方米。在建设过程中,萨尔图指挥部发布公告,要求所有单位建设土坯房,并指出不允许建设"高标准"建筑,如砖砌办公楼。[3]所有未完成项目都换了弧形渣油抹面屋顶,与村里的"干打垒"房子一致。1965年,第二采油厂请了当地农民建筑队,建起8个"干打垒"办公楼,作为指挥部。另外52套"干打垒"建筑在1972年建成。1964年前建成的砖楼被分配给医院和中学。

图强村是第二采油厂的行政中心和生活中心,位于矿区的地理中心,在两条主干道的交叉路口处。村里有300到500户人家。周边其

---

1 赤脚医生政策在六七十年代被大力推广。
2 大庆妇女志编纂委员会:《大庆妇女志》,方志出版社,1995年。
3 根据2006年大庆访谈,同时期让胡路的指挥部中心方案也被否定。

图4-8 70年代的图强村（摄影：张启华）

图4-9 70年代的图强村近景：解冻后泥泞的土路（摄影：张启华）

他村子相对更小；这些村子都是第二采油厂的二级单位，为采油厂所有所管。举个例子，在1973年以前，位于第一矿区和第九矿区南部的解放村，仅有10幢"干打垒"房子；新村建于1965年，是最偏远的居住区，附近是油库和车库，有22幢"干打垒"。除了石油生产单位以外，还有工读学校、721大学（工人大学），以及知青队（知识青年下乡参与农业劳动的组织）。公共的养猪场、大棚等均散布在这片区域。

在1980年以前，图强村有中学、医院、工人俱乐部（建于1976年）、中央食堂、粮店、食品加工厂、家属管理站、澡堂、理发店、托儿所等。住房和公共设施都是免费的，而托儿所和食堂等公共服务收取最低费用。但是，"干打垒"建筑需要每年维护，居民承担维护的全责，每年都要花上一周时间。

大庆模式的城市与建筑

1966年初，"三五"计划的第一年，"大庆"成为国家媒体的热词。1月2日，在新年元旦发表献词《迎接第三个五年计划的第一年——一九六六年》之后，《人民日报》又发表了《中国工业化的正确道路》。大庆被赞为代表了社会主义建设总纲的真正精神、中国工业化的正确道路。社论指出，和过去不同，大庆的成功很大程度上依赖于毛泽东思想的指导，证明了"毛泽东思想不仅可以管革命，而且同样可以管建设"。同一天，发表了另一篇关于大庆的文章，题为《大庆——一个活学活用毛泽东思想的范例》。正如该文反复强调的，源于毛泽东思想的精神力量能够战胜自然条件下的一切困难。

1966年，大庆原油产量提升至1000万吨，职工人数增长至5.8万人，其中超过40%的职工和他们的家人住在一起。大庆被描绘成个人可以战胜自然的一个理想社会。

1966年4月2日，《人民日报》发表了另一篇关于大庆的文章，《大庆建成工农结合城乡结合的新型矿区》。大庆第一次被称作新型工矿区，这一乡村型城市遵照周总理总结的十六字方针，"工农结合、城

图4-10 需要不断维护的"干打垒"房子(摄影:张启华)

图4-11 "干打垒"村少有的砖砌商店和互助理发摊位(摄影:张启华)

乡结合、有利生产、方便生活"。文章写道:"这样的工矿区,是我国人民在毛泽东思想指引下,高举总路线红旗,通过不断实践创造出来的,是我国社会主义建设中出现的新事物,它有无限的生命力,有很大的发展前途,对我国今后的新工矿建设有典型的意义。"

文中,大庆被称为"新型社会主义工矿区",而不是城市、乡村或者企业。它不仅是一个现代化的石油生产基地,而且是一个现代化的大农场,是一个工业和农业的共同体。大庆的半工半读制度使"人人参加劳动,人人有书读,人人生活在组织之中,人人干革命工作"。文章明确了过去关于集中建城市,还是分散建居民点的争论,不仅是一个经济选择,也是一个政治选择。据称,大庆领导分散建居民点的想法,来自毛主席视察武钢时的指示:大企业应该"工、农、商、学、兵"都有,周恩来的十六字方针,以及其他中央领导人的指示。他们表示,他们学习总结了过去石油城市建设中的问题,包括职工居住生活与生产活动严重脱节,对生产、生活都很不利,农村家庭妇女脱离生产劳动,以及浪费时间和金钱按"老框框"建设"标准高"的城市。

《人民日报》总结,大庆分散建设居民点模式的优势,在于既有利于工业生产,又发展了农业生产。生产一体化对农业和工业都有利,农业生产解决了工业工人所需的口粮,工业提升了农业的机械化程度。分散建设居民点并不需要"高标准"的基础设施,因为没有往返于居住区和工作区的问题,居民点的水、电、天然气、道路等大部分和生产设施结合使用。此外,污水、粪便都就近用作农田肥料。大庆居民的生活开销很低,因为他们不需要支付水电费和交通费。自给自足的社区有家属提供服务的食堂、托儿所、诊所等公共服务设施,节约工人的时间和精力,让他们投身于生产和工作中。文章明确表明了,大庆超越早期工业和农业的分化、城市和乡村的分化,兼有城市和乡村的优点。大庆确立了中国社会主义理想社会的新形态。

社论的最后一部分称赞,大庆实现了行政和企业合一——"集中领导,统一管理,实行政企合一"。在大庆模式中,企业将所有人——工人、农民、家庭主妇、学生——整合在一个组织中。企业福利也是社会的福利。企业履行了当地政府管理的职能,包括公共服务、治安、调解民事纠纷等。基层单位不仅负责生产管理,还提供非生产服务、安保以及民政事务。政企合一减少了政府行政人员数量,减少了政府机构的层级,提高了服务效率和质量。企业的双重职能和集中领导,有效组织起社会主义生产的服务和管理。

建筑学中的"干打垒"精神

在人民共和国的第一个十年,中国建筑师面临这样的批评:由于追求昂贵、不切实际的现代标准,他们与经济现实脱轨。中国追求"多、快、好、省",本着勤俭节约的社会主义原则建设国家。美学价值是昂贵的,所以社会主义生产牺牲了这种奢侈。在人民共和国的前几年,许多设计蓝图因为不符合当地情况而被废弃。例如,据化学工业部估计,"一五"计划期间,60%已完成的设计工作被完全"浪费"了。[1]

尽管在"大跃进"和严重困难之后,苏联标准被抛弃,中国建筑师努力在社会主义体制下,坚持走"自己的道路",独立于资本主义世界和苏联修正主义世界;但在新中国第一个十年间,建筑生产仍在追求"民族风格"和建设的经济性之间摇摆不定。自1955年赫鲁晓夫批判斯大林的社会主义现实主义开始,历史风格遭到激烈的批判,到"一五"计划末期,国家调整方向,开展节俭建设。但是,"大跃进"为"大屋顶"的回归提供了机会,比如,为庆祝中华人民共和国成立十周年,北京"十大建筑"中的部分项目应用"大屋顶"元素。一些现代主义建筑师被划为"右派",1959年6月4日,在上海关于建筑标准的会议上,建筑工程部部长刘秀峰提出议题:"创造中国的社会主义建筑新风格"。他的讲话在一定程度上缓和了形式主义和功能主义之间的紧张关系。随后,中国建筑学会副理事长梁思成在会议

---

1 参见董志凯、吴江《新中国工业的奠基石:156项建设研究(1950—2000)》。

上做的总结,"适用、经济和在可能条件下讲求美观"成为建筑领域的流行口号。

在1960年4月,尽管严重困难蔓延全国,但第二届全国城市规划会议仍在桂林召开,希望"在10年到15年把城市建设成为社会主义的现代化新城市"。这一提法在最高领导层中引起了很多不满,刘秀峰在上海的讲话被攻击成"反党、反社会主义建筑原则"。结果是,建筑工程部被剥夺其与城市规划相关的行政管理职能。1965年,在"四清运动"期间,刘秀峰因"非必要"提高建筑设计和非生产性城市建设的标准,而被批判为犯了"本位主义"错误。他于1965年5月卸任建筑工程部部长一职,此后再未有晋升。[1]

过去的设计风格被批评为"三脱离":脱离工人阶级、脱离群众、脱离现实。城市规划由于"贪大求全"、"片面追求建筑高标准"、"因循守旧及缺乏国防观念"[2]而受到批评。设计机构因此面临另一波减员潮。城市设计研究院比国家建设委员会多延续了三年,直到1964年才正式解散。经济和功能重新成为建筑最重要的标准。石油工业部成为这次"设计革命"中的杰出代表。在1964年12月7日的《人民日报》中,两位石油工业部的建筑师冯磊和王寿昌指出,没有必要像苏联建筑师为长春第一汽车厂设计的那样,设计有大广场、公共花园的厂前区,因为这只是增加国家的非生产性投资。[3]

---

[1] 刘秀峰在1971年去世,见中国中共党史研究会编《中共党史人物传》第70卷,第47—115页。

[2] 曹洪涛、储传亨主编:《当代中国的城市建设》,第89页。

[3] 冯磊、王寿昌:《"厂前区"有没有设置的必要?》,《人民日报》1964年12月7日。

当"向大庆学习"的国家号召发出后,全国各地的参观学习团开始来到大庆。晓华经常被推到台前,介绍过去三年,她从一个"教条"的城市规划工作者,转变为大庆"革命知识分子"典型的经历。她的故事也被发表在国家媒体上。1966年3月,在延安召开的第四届中国建筑学会年会上,大庆设计院应邀作两个主题发言。晓华是发言人之一。这一决定让部门和晓华自己都很吃惊。作为一个没有经验的年轻职工,她不知道要在一群声望颇高的专家面前说什么。

部门领导安慰她:"别担心。石油工业部是去给这些技术专家上课的。在会上,我们不是去谈技术,我们是去谈政治,是去建筑和工程领域革命。你应该谈谈你思想上的改变,而不是规划理论。"

晓华带着复杂的情感准备她的发言。在几轮修改之后,设计院通过了发言稿。直到晓华踏上火车,她还无法相信自己要代表大庆,在延安的中国建筑学会年会上发言。延安是战时中国年轻男女的圣地,直到60年代仍保持着这样的地位。同时那里也是中国第一个现代油矿——延长油田的所在地。

代表们先在陕西省省会西安集合,他们来自全国各个设计院和建筑部门。晓华注意到代表成员基本都是中年男子。一眼就能看出,他们是所在机构的领导或者主设计师,穿着剪裁考究的黑色或灰色呢子大衣和皮鞋。女性很少,她们基本都是这些代表的助手或者秘书。晓华和另一位大庆代表胡主任,穿着简单的棉袄,外面套着旧的蓝工衣,穿着农民常穿的黑色布鞋。这是大庆的标准工装,但使他们在代表团里十分引人注目。

西安距离延安大约300公里,主要经过山区。这里的道路条件十分简陋,代表们的交通车花了两天时间才到延安。当晓华看到宝塔——延安的地标、中国共产党革命的象征,她激动得从座位上直起身来。此时还是早春,宝塔山上没有绿意,看起来就像一团灰黄色的土堆。大客车穿过延河大桥进入县城。河道宽阔,但是浑浊的水无法填满河床。土地十分贫瘠。在明媚的阳光下,现代化的大客车车队出现在狭窄的土路上,周围是破败的土坯房,显得格格不入。一些男人和孩子蹲在街角,一边盯着这些新来的陌生人,一边吃着午饭。当地人把白羊肚手巾包在头上,来抵御沙尘暴、烈日或者暴风雪。在白色手巾下,他们饱经风霜的脸是深褐色的,深深的皱纹镌刻着岁月的艰辛。孩子们单穿着破旧的棉袄,看起来很久没有洗澡了。在大庆生活了四年的晓华惊讶地发现,这片土地16年来没有任何工业建设的痕迹。看到这些极度的贫困,她十分不安。

此时是"文化大革命"开始前的两个月,会议的主题已经高度政治化。大部分时间用来学习毛泽东思想，批评中国建筑。"适用、经济和在可能条件下讲求美观"的思想被大庆"干打垒"精神取代。胡主任和晓华介绍了大庆"科学干打垒"发展的过程。晓华发言后，接下来发言的是模范建筑工人、工人出身的工程师、建筑装修工。史无前例，建筑工人出现在中国建筑学会年会的舞台上，参与到当地材料创新性使用的学术讨论当中。会议的主要议题是廉价的本地建材应用、现有结构的改造，以及农村和城市建筑统一标准的维护。

晓华结束发言时，全场响起稀稀拉拉的掌声。对她的发言的反馈是复杂的。这些年来，大多数高级设计师都受到严厉批评，或者面临纪律处分。建筑工程部部长刘秀峰在前些年的"四清运动"中卸任。1965年2月，石油工业部副部长孙敬文被任命为建筑工程部副部长及党委书记。

会议的最后，新任中国建筑学会理事长要求全国所有设计单位学习大庆经验，建造"干打垒"风格建筑，将传统的材料和技术与现代的材料和技术相结合，以节省国家资金，满足中国建设需求。大庆工农村的分散格局、工农结合的效益，以及在居住聚落附近开垦农田，都是未来建设的典范。

与大会上失意的高级设计师和领导不同，晓华被卷入了革命的热浪中，并因之自信满满。她想要投身于更伟大事业的意愿变得更加强烈。她感觉到，建设新中国的重任落在了他们这一代人的肩上。他们这代人该怎么克服困难、消除贫困？大庆精神在1965年成为晓华的坚定信仰。

"为了建设祖国，我愿意一辈子都住'干打垒'！"在随后的一场会议讨论中，她骄傲地说。

"我们一辈子都要秉持'干打垒'精神。"胡主任认真地纠正她，但是她太兴奋了，没有听到。

在延安的最后一晚，晓华递交了入党申请书。申请书中，她承诺她将奉献余生，建设油田、建设祖国。

在从西安开往北京的火车上，晓华心中的激情依然挥之不去。当晓华走进餐车时，她注意到桌上有很多剩菜。延安农民雕塑般的面孔和他们空洞的眼神还在她脑海中浮现。火车上人们的麻木让她愤怒，她站出来激动地批评食物浪费现象。"在我们的国家还没有摆脱贫困时候，浪费食物是一种罪恶。"她大声喊道。

晓华的话在餐车内一部分人中间产生了共鸣。一个年轻人站起来说："这位女同志说得对。我们不能浪费粮食。这些食物不是我剩的，但我要把它们吃完。"他吃起来之后，一些人也被动员了起来。

城市乡村化

1965年初，国家基本建设委员会恢复工作。谷牧担任国家基本建设委员会主任，他是余秋里在小计委的亲密伙伴。原石油工业部副部长孙敬文，担任副主任。国家基本建设委员会的主要任务是组织和加强三线建设。在是否有必要继续保留国家基本建设委员会下属的城市规划局的问题上，出现了争议。最后，只保留了30个城市规划编制——在三年困难时期前该名额有100个。在60年代早期，全国共有大约5000名城市规划工作者。到70年代中期，只有700来人直接参与城市规划工作。[1] 在进入中央领导层的石油战线领导人参与下，国家计委和国家基本建设委员会的成员成为推广大庆模式的重要主体。

"三五"计划的实施遵循大庆模式，以"先生产，后生活"为指导思想，提倡"自力更生，勤俭节约"。在"三五"计划的第一年，大庆已经成为超越工业领域的一种发展模式，其英勇的工人阶级受到高度赞扬。"干打垒"象征着追求艰苦奋斗的精神，这种住房样式也被推广到中国偏远的，甚至缺土地区的工人住宅之中。自力更生、去中心化，"社会主义新型工矿区"整合了工业和农业，整合了生产企业的行政管理和社会服务，成为中国所有工作单位的模板。即使在北京，也能在市中心"见缝插针"找到土坯房和都市农田。[2] 国家计委发布文件，要求改革"基本建设规划管理"，城市建设的国家投资被取消，基本建设的责任主要由单位承担，比如工厂和机构。在单位的协助下，大规模国有计划住房被经济自建房替代。

这期间，城市规划，更确切地说是"工业发展总图规划"，仅在三线建设项目中出现。很多在北京没了工作的规划师去了西南地区。三线城市如十堰和攀枝花，都是基于大庆模式规划和建设的。国家计委在三线建设上的指示是"靠山、分散、隐蔽"，为即将到来的战争做好充分的准备。住宅主要是"干打垒"房，参考农村住房的标准和

---

1 曹洪涛、储传亨主编：《当代中国的城市建设》，第98页。

2 同上书，第87—90页。

图4-12 在三线现场工作的设计师们（来源：同济大学城市规划系档案馆）

外观。为了消除城乡差距，降低城市住房标准至乡村住房标准水平，在分散的农村地区设置工厂。但是，就像大庆一样，这些国防项目的位置是国家机密，一直不为公众所知。乡村景观也起到了保护工业设施免遭空袭的作用。

去城市化的工业化

中国在社会主义国家的道路上，实施了广泛的工业化计划，一切都在欠成熟的条件下进行：党的主要成员来自农村、前几年的战争带来的巨大破坏、几乎没有工业基础设施的农业社会，以及不稳定的国际环境。过去的工业化尝试由于各种经济、社会和政治问题都失败了，比如清朝的维新运动和民国的"黄金十年"。中共领导人充分认识到这

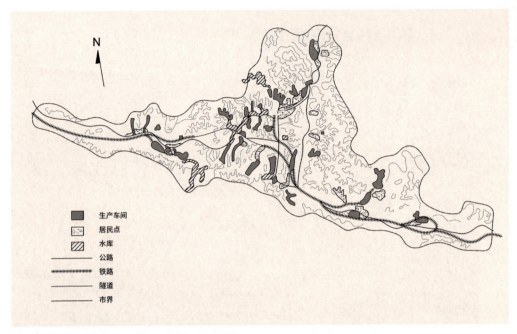

图4-13 第二汽车制造厂总平面图：靠山、分散、隐蔽
（来源：作者根据中国城市规划设计研究院档案室资料重新绘制）

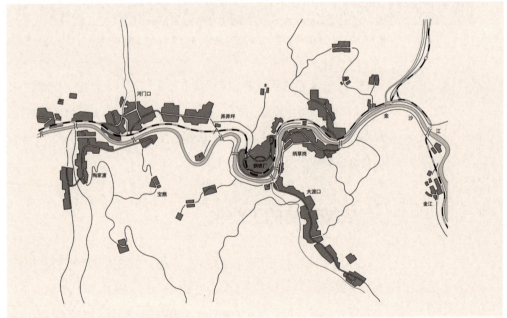

图4-14 渡口市（今攀枝花市）总体规划图
（1965年。来源：作者根据中国城市规划设计研究院档案室资料重新绘制）

一点，所以他们在有限的空间内小心行事。这条道路预算有限，根本顾不上考虑美学问题或便利舒适。快速工业化和经济增长的目标，与社会主义意识形态及资源匮乏复杂地交织在一起，重塑了中国的发展道路。

城市建设规模的缩减、高层领导人对于建筑师和城市规划工作者的批评，以及大庆模式的兴起，都源自一种意识形态，即把城市化视为伴随国家工业化进程而产生的一种不良副产品。毛主席相信石油部门的领导者将给这个"计划王国"带来革命，大庆模式被视为解决之道。控制城市化，是为了限制工业化的成本，满足意识形态需要。工厂因此承担了满足工人物质和精神基本需求的责任。

第五章

住在城乡异托邦

把王铁人的骨头砸碎了，也找不出半个"我"字！

——王进喜

大规模的工业化推进改变了国家地理，锻造了强有力的国家机器，同时孕育出新型社会——中国式的工业城市。工厂是培养纪律严明的产业工人的训练场，集体将发挥他们的巨大潜力，每个人都被期望成为"工农商学兵"合一的人。地质学家发现油矿后，要使石油产量最大化，需要倾力投入，成千上万的工人因此聚集到油田。机器十分稀缺，而且经常被运到缺少基础设施、技术工人和物资的地方。老石油工人、退伍军人和年轻毕业生成为钻井和建设的核心劳动力。这一新的工人阶级的成员大多来自农村，他们面对新工业文化和环境的态度产生了根本性的变化。他们在生产现场接受新的社会主义工人阶级价值观的教育：为实现更高的生产力，要纪律、奉献以及忠诚。在生产生活"城乡结合"原则的指导下，以马克思列宁主义和毛泽东思想为意识形态及道德基础的"大众革命"正在进行。

不同的群体以不同的方式响应号召。模范工人、家属以及转改的知识分子展现了国家意图强化的价值观。同时也有人消极对待、拒绝奉献、试图逃离。这些差异发生在一个封闭的、同质化的空间中。集体生活并不能完全杜绝个体利益，在这些不安定力量的作用下，社会团结遭到破坏。

工厂是生产机器

大庆的工作条件极其恶劣。成千上万的工人和职工来到这里，没有足够的衣服、住房和食物，而一来就要面对荒凉的草原和繁重的体力劳动。南方来的工人——许多人从四川会战抽调过来——对松辽平原的寒冷天气完全没有准备。[1] 哈尔滨的工厂为他们加紧制作冬季棉服，但是冷雨混着工人的汗水，不少人生病了。平原可以让机动车顺利通行，然而春天频繁的降雨，让解冻的土地很快成为池塘和湿地，成了人们口中的"大酱罐"。工人需要用拖拉机、马匹，有时候

---

1 李敬：《李敬日记：大庆油田（1960—1966）》，新华出版社，2001年。

是自己的手和肩,将沉重的机器搬运到目的地。在水管和水罐安装好之前,他们还要将钻井用水通过盆盆罐罐运过去。由于生产点分布于6000平方公里的油田上,因此一个生产点普遍仅三四个人。曾有报道称一个由五人组成的建设队伍被困在暴风雪中,他们与指挥部失去联系长达七天,没有任何食物和水。即使是从抗美援朝战场回来的退役军官,也觉得会战生活过于艰苦,难以忍受。[1]在培养未来石油工人的松辽石油学校,老师们会进行夜间检查,确保没有学生逃跑,不然他们就要在荒凉的草原上寻找那些学生。[2]但是,这些困难并没有影响石油生产;相反,这里出现了"具有高度意识形态自觉性"的现代工人阶级,这是国家领导人希望所有中国人都达到的目标。大庆石油工人很多是从军队转业,在空闲时间参与农耕,他们集中代表了社会主义社会中最重要的三类人——工、农、兵,象征着新中国理想的社会主义新人。

铁人

大庆领导人将会战的胜利归功于工人阶级的力量。石油工人,特别是前线的钻井工人得到了最多的赞扬。他们被认为是工厂的主人,是政权的领导阶级。会战伊始,大庆领导人就高度重视嘉奖劳动模范,他们坚定、奉献的精神,以及高尚的品德,为新来者定下工作纪律的节奏和基调。模范工人得到了慷慨的奖励,不仅是精神上的,还有上升机会、特殊津贴,比如额外的食物、衣服和其他物质福利。

大庆第一个,也是最有名的一位模范工人,是"铁人"王进喜。作为玉门油田的老石油人,王进喜带领钻井队多次创造纪录。他是1960年3月25日第一批到达萨尔图的钻井人之一。王进喜出生于甘肃玉门的一个贫农家庭,37岁的他身体瘦弱,但是他对钻井工作的投入,以及对劳动竞赛的热情,让他成为第一个由余秋里亲自挑选出来

---

[1] 李敬:《李敬日记》,第125页。

[2] 根据对石油学校原教师的访谈,大庆,2007年9月。

的劳模。根据他的宣传事迹,王进喜和同事第一天下火车到萨尔图,只问了三个问题:"设备到了没有?""我的井位在哪里?""萨尔图的最高钻井纪录是多少?"没有一个问题和他的个人利益相关——都是关于工作生产的。十天之后,在拥挤的滨洲线上,他和他的同事们终于找到了载有他们的钻机的车厢。当时没有任何可用的起重机、卡车或者拖拉机。王进喜决定不再等待,据称队伍徒手将60吨的设备搬到他们的作业点——萨尔图火车站西北方向好几公里的地方。钻井队花了一整天时间卸设备,又花了三天时间搬运到目的地。4月11日,王进喜的队伍终于完成了钻井设备的安装。指挥部将钻井工人分配到附近村庄寄宿,但是王进喜从来没有去过。当寄宿的那家农户来看望他时,发现王进喜就和衣睡在发电机旁,十分感动,说:"你们队长是个铁人!"从此他就有了这个新绰号。[1]

4月11日,钻井队开钻那天,王进喜被叫去参加在安达铁路工人俱乐部举行的首届大庆油田技术研讨会的最后一项活动。五百多名领导、专家、工程师和工人挤在俱乐部里。余秋里发表闭幕演讲,言辞中充满了军事用词:"我们必须具有猛攻猛打、雷厉风行、严肃认真、扎扎实实的工作作风……艰苦奋斗、顽强克服困难的精神……我们每个队、每个单位、每个人,都要有革命战争时期那种敢于冲锋陷阵、英勇牺牲的精神和压倒一切困难而不被困难所压倒的气概!"[2]

说到这里,余秋里问:"王进喜来了没有?"王进喜站起来,被拉到人群中间。

在简单介绍王进喜和他的事迹后,余秋里举起他的独臂,高呼:"向王铁人学习!向王铁人致敬!"

讨论会全场跟着一起高呼。王进喜被几个领导带头抬起来,绕场一周,接受所有人的致敬。"铁人"王进喜很快在油田出了名。

---

[1] 大庆革委会报道组、新华社记者:《中国工人阶级的先锋战士——铁人王进喜》,《学习铁人王进喜》,人民出版社,1972年。

[2] 宋连生:《工业学大庆始末》,第78、80页。

钻井成为进步的象征。钻井工人日夜不停地轮班工作。所有钻井队都派观察员去现场向铁人学习。钻井需要大量的水来防止机器过热。由于输水管道仍在建设，水罐还要三天后才能运达，一百多名工人被组织起来，一盆一盆地从附近的池塘接水。4月19日完钻。九天后，原油从萨尔图55号井喷涌而出，被记录为大庆油田正式开始生产的标志性时刻。

第二天，康世恩在萨尔图组织了一场万人会战誓师大会。会议开始后，当天早上在井架工作时腿刚刚受伤的"铁人"王进喜，戴上了红绸花，骑着马，由钻井指挥部领导亲自牵马绕会场游行。这是解放军战时表彰英雄的传统，此后也成为大庆群众大会的传统热场活动。"铁人"王进喜向上千名石油工人和干部喊出了他著名的口号："宁可少活二十年，拼命也要拿下大油田！""有条件要上，没有条件也要上！"[1]

万人誓师大会之后，向"铁人"王进喜学习的运动拉开序幕。会战中，其他铁人式的工人模范逐渐涌现。靠人力和马列主义、毛泽东思想的信念战胜困难，不顾生命安全投入生产的奉献，这些主题一次又一次地在劳动模范的故事中再现。在7月的会议上，一个"铁人"变成了"五面红旗"——五名模范工人，很快就有了100个"红旗"工作单位。

大庆的许多劳动模范都被吸收进了领导班子。"铁人"王进喜最初被任命为大庆钻井指挥部副指挥。1968年，他被任命为大庆革命委员会副主任——革委会代替政府机关行使职能。一年后，全国第九次党代会，王进喜和大寨村的农民领袖陈永贵一起，加入了中共中央委员会。1970年，"铁人"王进喜去世，时年47岁，比当时中国男性的平均寿命少了13岁。直到今天，他依旧是新中国工人阶级最著名的楷模之一。

---

1 该口号后来在石油工业部副部长孙敬文建议下，改为"没有条件创造条件也要上"。

铁姑娘

大庆社会由年轻力壮的男性主导。第一批来大庆的妇女主要是在设计研究机构或行政机关工作的大学生或工程师。在招聘女工人加入劳动力大军的全国浪潮中,为了创造更加平衡的未来社会结构,许多本地女性从石油学校毕业参与大庆会战,或成为合同工。当大批石油工人的年轻家属到来时,出于对劳动力快速增长的需求,许多家属也被招为"临时工"。[1]1964年,女职工占了大庆职工总数的10%,这在重工业领域创了纪录。[2]这些妇女最初被分到办公室或者服务行业工作,比如食堂、商店、托儿所等。随后,越来越多的妇女被派往生产前线,做采油工人或者建筑工人的工作。她们也承担了士兵、伐木工、卡车司机、电工和管道工的岗位。

由于采油行业对体力劳动的要求不高,具有较高的自动化水平,很多大庆妇女在采油行业工作。有一些采油单位,女工占了半壁江山。这些女采油工成为大庆社会主义新女性的代表,成为全国女性模范。"铁姑娘"最初是在农业领域授予大寨妇女先锋队的模范称号,现在也用来赞誉石油工业前线勇敢的年轻女性,她们愿意挑战人类的忍耐极限,不惧与男性竞争。许多采油指挥部成立了"铁姑娘队"。70年代初,大庆生产前线共有129支"铁姑娘队"和超过16000名女采油工。

对"铁姑娘"的宣传与"铁人"类似,强调她们的奉献精神和积极竞争。她们穿着和男性一样的制服,外表去女性化,比如不留长发。一些"铁姑娘"后来被提拔为大庆领导,甚至成为部级干部。

---

1 "大跃进"代表了中国妇女解放运动的一个重要时期。根据《劳动》杂志,"仅在1958年我国就有5500万妇女从家务劳动中解放出来"。"妇女能顶半边天""时代不同了,男女都一样""什么事情都能干,什么事情都能干好"成为大家耳熟能详的口号。从1957年到1960年,国有企业中的女性职工从330万增长到1000万,翻了三倍。详见金一虹《"铁姑娘"再思考:中国"文化大革命"期间的社会性别与劳动》,《社会学研究》2006年第1期。

2 大庆妇女志编纂委员会:《大庆妇女志》。

家属

　　大庆会战开始几个月后，尽管会战指挥部并不赞成，但大批家属——农村主妇和孩子们——来到油田。很多人希望与在部队服役多年的丈夫团聚；有一些人是为了逃离农村的物质匮乏。那时大庆的情况并不比家里更好：住房不足，也没有多余的食物，她们还要面临严酷寒冷的冬天和荒凉的草原。但是大庆对劳动力的需求快速增长，许多年轻家属被招募为"临时工"，从事基础设施建设、建造"干打垒"、在食堂或商店干活、参加挖野菜的小组，年长的女性为工作中的母亲照顾孩子。

　　如前所述，女性在油田就业的比例不超过总劳动力的10%。在大庆，农业不仅解决了食物危机的问题，还将农村妇女组织进了集体农业之中，让妇女从"消费者"转变为生产者。在大庆会战的后期，越来越多的家属参加集体农业大队。"文化大革命"期间，集体化更为严格，一旦有妇女想待在家里，就会被叫成社会"寄生虫"。个体农业和养殖业被攻击为"资本主义萌芽"，并被要求集体化。模范家属像薛桂芳，她既是钻井工人的妻子，也是土地复垦和耕作的榜样。大庆通过表彰模范家属来鼓励家庭妇女参与农业和集体劳动。[1]

　　在中央实验话剧院总导演孙维世的努力下，大庆家属的故事得到了全国关注。孙维世在莫斯科接受教育，活跃于北京话剧舞台，颇有名望。但是到了60年代，孙维世在苏联戏剧方面的优势变成了劣势。周恩来结束第二次大庆访问后，建议孙维世去大庆寻找灵感，给她的职业生涯助力。因此，1964年，孙维世和她的丈夫、著名演员金山，搬去大庆"和大庆家属一起生活工作"。1965年，党内理论杂志《红旗》发表了孙维世的文章，热情洋溢地赞美了大庆家属：

> 原来从工业战线上调来帮助建设工人村的职工，统统戴上大红花，被家属敲锣打鼓地送回工业前线了。农业完全由家属自己搞了……

---

[1]《工人日报》编辑部：《大庆家属革命化的标兵——薛桂芳》，工人出版社，1966年。

图5-1 托儿机构里的大庆妇女（摄影：张启华）

图5-2 学校里的大庆妇女（摄影：张启华）

现在工人村的食堂、托儿所、缝补组、理发、澡堂、作坊、邮政、储蓄、书店、商店、粮站……服务人员基本上都是家属……无论是搞工业、农业、服务行业的家属,全都是评工记分,按劳分配,不拿国家的薪金……家属生产的产品归全民所有,都由国家统一分配……孩子上托儿所,大些的上小学或半工半读中学。人人生活在组织之中,人人生活在制度之中……[1]

在大庆生活两年之后,孙维世带着剧作《初升的太阳》回到北京的剧场,这部剧由大庆家属表演,反映了她们在新社会的生产生活。在北京,这部剧在3个月时间内表演了180场,面向成千上万的观众。周恩来和他的妻子、全国妇联主席邓颖超,多次出席观看演出。中央军委副主席叶剑英看过该剧后做出指示,让军队家属向大庆妇女学习。

事实上,家属代表着大庆社会的底层。和油田工人及干部相比,她们的粮食配给标准是最低的。最开始,她们的配给量取决于自己的收成;之后,她们每人每月粮食定量为13.5公斤,她们的孩子每月有3—5公斤(孩子户口跟着母亲)。除了粮食配给之外,跟其他农村地区一样,家属能根据她们一年挣的工分,在年底分到50—60元。国家正式员工和集体临时工之间的收入差距非常大。此外,家属往往也要承担所有的家务和家庭责任。

年轻知识分子[2]

大庆有一支受过高等教育的劳动力队伍。在这支工业队伍中,13%是老石油工人,28%是退伍军人,59%是从大学或者技术学校毕业的"年轻知识分子"。[3]因此,大庆不仅仅是一个无产阶级专政的社

---

[1] 孙维世:《大庆通信》,《红旗》1965年第12期,第41—49页。

[2] 与现在的认识不同,考虑到当时中国人普遍受教育程度不高的现实,"知识分子"在这个时期指受过高等教育,如大学毕业,甚至是高中毕业的人。

[3] 《对大庆经验的政治经济学考察》写作组:《对大庆经验的政治经济学考察》,第322页。

图5-3 作为农业家属的大庆妇女(来源:《大庆》画册)

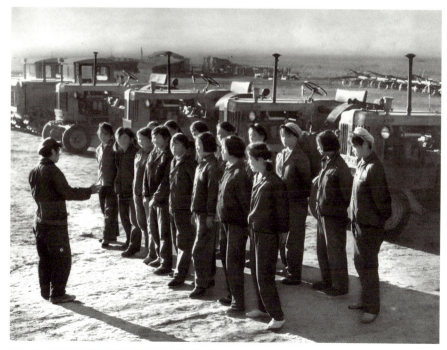

图5-4 农机站的大庆妇女(来源:《大庆》画报)

图5-5 建筑工地上的大庆妇女（来源：《大庆》画册）

图5-6 在接受民兵训练的大庆妇女（来源：《大庆》画册）

会，而且是一个"年轻知识分子扎堆的地方"。1962年，这里有大量技术干部。[1]

60年代早期，对待知识分子的态度和国家政策仍在左右摇摆。[2]知识分子有时被指责与工人阶级的联系不牢靠，与工农相比，知识分子对基层的情况一无所知，"最干净的还是工人农民，尽管他们手是黑的，脚上有牛屎，还是比资产阶级和小资产阶级知识分子都干净"[3]。1962年3月，在全国科学工作会议上，周恩来宣布中国知识分子现在大部分是为工人阶级服务，而不是为资产阶级服务。但是六个月后，1962年9月，毛泽东在中共八届十中全会上做了关于阶级、形势、矛盾和党内团结问题的讲话，会上重申无产阶级与资产阶级之间、社会主义道路与资本主义道路之间的斗争。显然，如果要知识分子融入党和国家，就必须改造他们。毛泽东提出，知识分子需要通过参与体力劳动和半工半读来转变，不能将他们与干部和工人区别对待。

在大庆会战的前几年，所有知识分子，即所谓的"干部"，都要建造自己的"干打垒"、参与农业生产，自给自足。1962年7月26日，大庆会战工作委员会根据周恩来的讲话，重申其方针，要求所有技术干部要在三五个岗位参与生产，并达到一定的专业水平。[4]因此，刚来到大庆的年轻大学生第一份工作经常是在石油生产前线工作两三年时间。这是所有新来者都要遵守的惯例。

对体力劳动训练的反馈是复杂的。很多知识分子公开表示赞成，认为这有助于更好地理解生产前线的艰难，以及基层的真实需求。但

---

1 大庆会战工委：《关于更好地贯彻党对技术干部的政策 进一步加强对技术干部工作领导的决定》《战报》1962年8月10日。

2 领导人当时的态度是，大多数知识分子都是"小资产阶级"分子，与此同时，也存在为工人和农民服务的知识分子与为地主和资产阶级服务的知识分子之分。

3 毛泽东：《在延安文艺座谈会上的讲话》《毛泽东选集》第三卷，人民出版社，1991年，第851页。

4 大庆会战工委在1962年以后取代了松辽会战指挥部作为石油工业部在大庆的地方领导机构。

图5-7 工人和工程师们共同参加"大庆油田开发座谈会"(来源:《大庆》画报)

是私下里,很多人觉得这是一种惩罚。

  物质上,尽管都处于比较低的水平,但是大庆知识分子的工资还是比工人的更高。新来的大学毕业生的起薪约为每个月38—46元,这比一般油田工人高10—20元。[1] 干部和工程师也在住房分配上享有优待。只有模范工人可以享受和干部一样的待遇。此外,尽管大庆很多模范工人被提拔到领导层,但随着时间推移,技术干部在管理岗位上更有影响力。

---

[1] 根据2007年、2008年在大庆对石油工人和技术干部的访谈。

工厂是工读学校

1964年,《人民日报》等官方媒体对大庆做了大量宣传。许多文章把报道的重点放在英勇果敢、纪律严明的大庆劳动群众上身。他们认真学习毛泽东思想,开展有效的政治教育,工人辛勤劳动,民主参与科学技术创新,表达他们作为中国工人阶级一员的自豪感。其中最有影响力的报道《大庆精神 大庆人》发表在1964年4月20日的《人民日报》上。该文章包括六部分:一、大庆是延安精神的延续和发展;二、大庆是全国未来的典范;三、大庆是石油勘探和建设技术的创新中心;四、大庆工人具备从小事做起的积极工作作风;五、大庆工人能够当好一颗永不生锈的万能螺丝钉;六、大庆是一个团结紧密的集体,每个人都关心别人胜过关心自己。这是大庆第一次与延安相提并论,延安在1936年至1949年间是中国共产党根据地的中心,中共长征之后在这里自我重建,并在解放战争中取得胜利,得到全国政权。大庆人民的激情和纪律,不仅体现在工作上,还体现在相互关心扶持的社会中,与北方平原的寒冷无情形成鲜明的对比。这是一个革命人民群众通过纯粹的人类意志征服自然的故事,共产主义和爱国主义思想激发了坚定的意志。在这方面,"铁人"王进喜的打油诗很好地总结了这种大庆精神:"石油工人一声吼,地球也要抖三抖。"[1]

1964年12月,周恩来在第三届全国人民代表大会的《政府工作报告》中,将大庆的成功归功于中国地质学家的创新突破、独立自主的设计研发能力、对毛泽东思想的坚定信仰、中央领导和群众动员的结合,以及革命精神和科学态度的结合。报告同时提到了知识分子的劳动化、劳动人民知识化,以及设计革命和节省投资的原则。[2]在后来官方对1966年大庆的记录中,毛泽东思想成为激励行动、规

---

[1] 大庆会战工委编:《大庆会战诗选》,1974年。

[2] 《在第三届全国人民代表大会第一次会议上周恩来总理作政府工作报告》,《人民日报》1964年12月31日。

范标准、指导实践、认识现实的准则。这突出了道德唯意志论和个人信念的重要性，使人类发挥潜力战胜技术与自然的困难，从而改造社会。

这段时间，大庆开始成为全国的榜样。1959年10月，林彪取代彭德怀成为国防部部长后，在党的理论杂志《红旗》上发表了《高举党的总路线和毛泽东军事思想的红旗阔步前进》，标志着人民解放军政治教育运动的开始。余秋里在大庆会战期间坚定响应号召。由于毛泽东的语录直到1964年才出版，石油工业部选择了《实践论》和《矛盾论》——两部毛泽东的主要哲学著作——作为大庆会战期间的学习材料。1960年4月10日，大庆会战指挥部发布了第一个《关于学习毛泽东同志所著〈实践论〉和〈矛盾论〉的决定》，决定指出：

> 部机关党委决定立即组织全体共产党员、共青团员和干部学习毛泽东同志的《实践论》和《矛盾论》，并号召非党员职工都来学习这两个文件，用这两个文件的立场、观点、方法来组织我们大会战的全部工作。
>
> 学习要根据理论结合实际的原则，采取边读、边议；边议、边做的方法。……各级党委要订出学习计划，并列入向上级党委汇报内容。掌握武器，勇于实践，认识油田规律，这是我们的学习目的。我们号召参加大会战的职工，立即掀起一个学习毛泽东著作的高潮，为开展技术革命、生产革命，作好思想革命。[1]

4月26日，在指挥部扩大会议上，余秋里进一步强调了会战中学习毛泽东思想的重要性："毛泽东思想是我们全部工作的指针，'两论'是会战的灵魂。这两篇文章一定要很好地读，反复地读。读了毛主席的著作，就会感到头脑清醒，浑身是劲，就有办法；离开了毛泽东思想，就什么事情也搞不成。"[2]

---

[1] 余秋里:《余秋里回忆录》, 第642页。

[2] 同上。

由于安达和哈尔滨的书店里《实践论》《矛盾论》不够，石油工业部从北京空运了上千本，保证大庆油田人手一本。每个单位都建立学习计划，成立学习小组。

1964年，余秋里报告，大庆会战和群众动员的成功都依靠持续不断学习毛泽东的两论，大庆人民从马克思主义和毛泽东思想中，提升革命精神、艰苦奋斗精神和自我奉献精神。

毛泽东问："是哪'两论'啊？"

余秋里回答道："就是您的《实践论》和《矛盾论》。"

毛泽东笑了："我那两本小书还有这么大的作用啊！"[1]

1966年，南京军区开始鼓励安徽省士兵发扬延安精神，参与农业劳作。5月7日，毛泽东给林彪写信，回应其《关于进一步搞好部队农副业生产的报告》。在这封信中，毛泽东描述了他对理想社会的想象：

> 军队应该是一个大学校……这个大学校，学政治、学军事、学文化。又能从事农副业生产……使军民永远打成一片……
>
> 工人也是这样，以工为主，也要兼学军事、政治、文化，也要搞"四清"，也要参加批判资产阶级……农民以农为主（包括林、牧、副、渔），也要兼学军事、政治、文化，在有条件时候也要由集体办些小工厂，也要批判资产阶级。学生也是这样……商业、服务行业、党政机关工作人员，凡有条件的，也要这样做。[2]

这封信后来被称为"五七指示"。5月15日，中共中央批转"五七指示"时指出："毛泽东同志致林彪同志的信是具有重要历史意义的文件。这是马克思列宁主义划时代的新发展。"8月1日，《人民日报》发表社论《全国都应该成为毛泽东思想的大学校》，号召全国开展学习

---

[1] 余秋里：《余秋里回忆录》，第646页。

[2]《毛泽东思想万岁》，第259页，1969年印刷于北京，哈佛燕京图书馆藏。

"五七指示"的运动。"五七指示"成为60年代末建立的数千所"五七干校"的依据。来自工业、行政和服务单位的干部需要在这些干校寄宿一段时间,在这里进行农业劳作,接受思想教育。

工厂也是战场

1966年,大庆原油产量达到1060万吨,占全国原油产量的75%。随着革命风暴席卷全国,大庆作为全国模范的声望达到了顶峰。

7月25日,《人民日报》发表了毛主席在长江游泳的照片,他准备恢复开展党内工作。8月1日,中央八届十一中全会通过《关于无产阶级文化大革命的决定》,正式公开发动"文化大革命"。8月5日,毛泽东写下他第一张大字报《炮打司令部》,赞扬北京大学的造反学生,明确指出"从中央到地方的某些领导同志"没有坚决执行党的政策。毛泽东将文稿发给党的全体会议。

为了庆祝全会关于发动"文化大革命"的决定,大庆举办活动,"铁人"王进喜做表态讲话支持中央决定。几天后,王进喜带领石油钻井工人及其家属组成的代表团前往北京。他们受到最高领导人的欢迎,在多个公共场合作报告,并被邀请参加新中国建立17周年的庆祝活动。大庆石油工人与国家领导人一起站在天安门上的画面给全国人民留下了深刻的印象。活动中,一位因钻井事故身负重伤的石油工人作了报告。位于天安门广场的革命历史博物馆举办"工业学大庆"的展览,接待了成千上万名游客。

红卫兵

当油田模范工人正沉浸在庆典赋予他们的至高荣誉之中时,红卫兵走进了革命历史博物馆。他们并不是要向大庆学习,而是要对展览进行批判。展览展出了一张刘少奇参观大庆的照片。红卫兵质疑大庆是否已经被一群修正主义分子"和平转化为资本主义的试验田"。他们争论大庆的理想集体生活,"工农结合"和"城乡结合"是否只是复制了资产阶级空想家的观点。这种自给自足"男工女农"的模式（他们一起住在油井和农田附近），被解释成"一间屋两亩地"的故梦重圆，是个人主义而不是集体主义。[1]"经济主义"是攻击刘少奇及大庆领导人的一项指控，指责大庆不仅用道德激励，还用物质奖励来收买油田工人，提高产量。[2]

1966年初，余秋里和谷牧在周恩来领导下的国务院密切合作，发挥计划管理的基础职能，防止革命的狂热破坏经济生产。这个"去冲破一潭死水"的人，与"死水"中的高级经济领导人建立了亲密的合作关系。他的年轻及"根正苗红"的出身，再加上由毛泽东亲自提拔，使得余秋里在之后几年中未受到严重冲击。由于担心无法完成计划，余秋里不顾激烈的革命气氛努力工作，保证生产维持在轨道上。工人们被鼓励只在休息时间参加"文化大革命"。在很多情况下，他所承担的保障工业生产的角色，与陈伯达和江青领导的"中央文革小组"存在冲突。尽管毛主席同意余秋里维持每天八小时生产的建议，但《抓革命，促生产》的号召，使得老一代经济工作领导者和"中央文革小组"的矛盾仍然存在。

"中央文革小组"的主要理论家张春桥评论说，大庆"先红后黑"，认为1960年的大庆经验本质上是共产主义的，但后来变质了。大庆是"假模范""假社会主义"的说法从北京传到了生产前线。1966年国庆节后，官方媒体开始不再宣传大庆，关于大庆职工家属的话剧《初升的太阳》也被叫停。同时，"中央文革小组"不再表彰"铁人"王进喜。张春桥曾说，"铁人""是既得利益者"，要"走向他的反面"，而且，他没有"什么革命的要求了"。[3]

1967年1月，大庆一万多名学生和工人前往北京，向中央政府讨

---

[1]《不是"共产主义"，是纯牌的修正主义》，《战报》1968年5月17日第4版。
[2]《彻底批判中国赫鲁晓夫在大庆推行的假共产主义》，《战报》1968年5月7日第4版。
[3] 大庆工人批判组：《反大庆 砍红旗 目的是篡党夺权》，《人民日报》1976年12月23日。

要正义。他们加入国家计委的造反派和北京大学的红卫兵中，召开批评谴责余秋里的大会，但周恩来把余秋里从大会中救了出来。周总理接待了来自大庆的代表，向他们保证"大庆是一面红旗，大庆会战是党中央决定的"，劝说工人们回去工作。[1]

同时，余秋里和谷牧都被卷进了中央高级将领与"中央文革小组"的斗争之中，这场斗争后来被诬为"二月逆流"。[2] 1967年2月，李富春邀请工业和交通领域的中央领导人，包括一些政治局委员，副总理谭震林、陈毅元帅、李先念、余秋里等，去怀仁堂讨论"抓革命，促生产"，其目的是在过热的革命环境下，让工业和运输重回正轨。很快，场面演变成了批判"中央文革小组"破坏社会秩序、威胁党的领导、迫害老干部的会议。会议导致了与"中央文革小组"的正面冲突。作为这些老干部、老将军长期以来的下属和中央主抓经济的领导班子的成员，余秋里支持他们的做法，尽管他没有像陈毅元帅和谭震林副总理那样说过任何过激的话。"中央文革小组"认为，这一冲突是"文革"以来对"文化大革命"最严重的干扰。陈伯达声称，这是企图"颠覆无产阶级专政"。在压力之下，谭震林、陈毅和徐向前"请假检讨"。余秋里级别不高，被允许保留他的职务，但他成了北京红卫兵和造反派的目标之一。他被迫参加大量批斗大会，学生们一度把他关在了北京石油学院。周恩来不得不打电话给"中央文革小组"，让余秋里回去工作。[3]

其他石油部门领导人也不能免于批判。当时是石油工业部部长的康世恩，被要求批判余秋里。康世恩拒绝配合，被迫离职。宋振明被送去了"五七干校"，大庆指挥部的十六七名高级干部被攻击为"走资

1　温厚文等：《康世恩传》，第263页。

2　Roderick MacFarquhar & Michael Schoenhals, *Mao's Last Revolution*, Harvard University Press, 2006, p.191；雷厉：《历史风云中的余秋里》，第95—99页。

3　雷厉：《历史风云中的余秋里》，第104页。

派""叛徒"。[1] 1966年末，大庆超过6000名干部受到批判。

造反派

在大庆油田，青年男女热情地回应毛主席的"文化大革命"的号召，上千张大字报出现了。从北京来的红卫兵跟大庆当地学生建立了联系，主要来自北京师范大学、北京地质学院、北京航空航天大学等。[2] 来自北京石油学院的学生们在萨尔图以东相邻数公里的王家围子建造自己的"干打垒"，他们想要在那里建立一个半工半读的实验项目。[3] 很快这些学生放弃了"干打垒"建造并参与到反对修正主义的战斗中。慢慢地，大庆工人和职工加入了学生的活动。工人们抱怨工作强度和严苛的管理，被"管卡压"，跟资本主义对工人的剥削和"奴隶主义"无异。[4] 有些年轻工人提出，很多模范工人已经成为"特权阶层的一员"。

"文化大革命"暴露出在大庆社会中存在的冲突。在位领导与"被压制的"工人们、受教育的年轻人与干部们、"保皇派"与造反派之间的论战持续到1966年底。

早在6月份，大庆工委呼吁群众积极参与对党的批评、参与"文化大革命"，说"谁都可以提，对谁都可以提，什么意见都可以提"。工委在2号院食堂提供了写大字报的毛笔、墨水和纸，辟出了专门的张贴区域。一开始人们保持沉默。这时矿区建设办公室的党委副书记王青山，一个有着退伍军人红色背景的干部开了个头。一些退伍老兵在他的大字报上签了字，抱着积极参与国家组织运动的想法。慢慢地，更多的大字报出现了。

---

1 参见温厚文等《康世恩传》。

2 这部分的信息主要来自对大庆指挥部工委前工作人员的访谈，访谈时间是2007、2008年。

3 《北京石油学院获得革命和建校双胜利》，《战报》1966年9月16日头版头条。

4 红卫兵联队：《埋葬中国的赫鲁晓夫鼓吹的奴隶主义》，《战报》1967年6月10日第2版。

受过更好教育的年轻人在国家宣传和高层干部的鼓励之下逐渐积极地投入到了这场运动之中。短短18天的时间，上千张大字报出现了。大庆人这才惊讶地发现油田中存在那么多不同的意见。大字报揭露了人们对会战的不同意见、对某些上级部门的不满，也有的希望得到更好的待遇。规划部门的刘东贴出了一张颇有影响力的大字报，《批判石油工业部政治经验的21条》。该大字报质疑了石油部门领导人的能力和大庆会战的效率。刘东认为，会战仓促的动员和组织导致了时间、人力和物资的大量浪费。一些人被公开点名。一张大字报指责总工程师刘树人是个隐藏的反革命分子，因为他在1949年之前为国民政府资源委员会工作。刘总的得力助手写的大字报，攻击刘树人"一条黑线通上天"，暗示他与最高领导有秘密沟通渠道。一些大字报抱怨，强迫加班到深夜的做法丝毫没有提高生产力，只是为了政治作秀而剥夺工人的休息时间。引人注意的大字报会被移到张贴处的中心突出位置，引发人们的共情或者严厉的批判，导致更多大字报出现。石油部门领导人遭遇意料之外的公开批评潮。

1966年夏天,"破四旧"运动席卷大庆。阿松热爱文学,但不得不痛苦地烧毁他的书籍和日记。这是一种自我保护,防止这些小资产阶级物品被红卫兵发现。他只留下了一本日记,是晓华在大学和他恋爱的时候写下的。他把日记藏在了皮箱的秘密夹层,这个行为浪漫而大胆,在那些狂暴的日子里,可以说是疯狂的。

一般情况下,晓华不会参加这类政治活动。但是就在三个月前,她才从延安回来,仍旧沉浸在全国会议上代表大庆精神发言的光环之中。她和她的未婚夫都提交了入党申请书。因此,他们和另外两名同事一起,写了一篇长文,批判之前的"四清运动"。他们认为,运动保护了当权者,变成了一场被操纵的作秀。在这样的批评运动中,群众精神被严重破坏。

7月9日,当晓华走进食堂时,她注意到很多事情变了。人们聚在一张崭新的大字报前,标题是"他们在反对什么?"。食堂里一片寂静,没人有胃口吃饭。大字报是政研室写的,他们是大庆工委的智囊团。大字报肯定了大庆的领导,并把过去一个月称为"群魔乱舞"。四十多名批判领导的干部被点名。大字报讽刺的语言和压迫的腔调在观看者中引起强烈的反应。

第二天,新的大字报列出了更多"大鸣大放"的人名。鲁莽写下第一张大字报的矿区建设办副书记王青山,被打成了"牛鬼蛇神"的头头。刘东的大字报被视作"分辨革命与反革命的重要依据"。其他人被贴上"右派"、"反党分子"或"犯了错误"的标签,包括晓华和阿松。总工程师刘树人被扣上了"反动学术权威"帽子,因为他无法否认他过去曾为国民党工作。

"自由发表观点"之后是激烈的批斗。当时是夏天,所以批斗会经常在室外举行。人们用石灰石在户外场地划出三个区域:一个区是"革命群众",一个区是"反革命分子",另一个区是"犯错"的职工。几乎是转眼间,晓华在办公室的地位从风头正盛的红色革命者,变成了黑色的"捣乱分子"。在最开始的几天,她拒绝承认犯了任何错误。但是,无法承受的压力接踵而至,噩梦和失眠紧随其后。"革命群众"和"反革命分子"之间产生了巨大的隔阂。晓华坚持了几天,直到她再也无法忍受压力。她公开承认她犯了反党、反社会主义的错。她进行自我批评之后,没人再说什么。但是晓华被自己击垮了。批斗会结束在晓华的号啕哭声之中。人们默默地离开,没有人去安慰她。

面对这些境况,阿松没有那么情绪化。他默默支持着晓华,给她借了一辆24寸自行车,在空闲的时候教她骑车。他们的老朋友也离开了,比如老宋去了天津新发现的大港油田。晓华对朋友的离开十分难过。在失眠的夜晚,当她骑着新买的自行车穿梭在黑寂的草原上时,挫败感多少得到了缓解,但是离开大庆的愿望也越来越强烈。

强调"抓革命，促生产"的大庆工委在"文革"初期陷入被动局面。10月6日，在北京工人体育场，周恩来和"中央文革小组"向来自全国各地的十万名"革命师生"发表讲话："过去各级领导或者一些工作组时革命同志加以压制、围攻、斗争，甚至受压迫之类，这些事情，宣布一律平反。"消息通过红卫兵从北京传到了大庆。大字报又开始出现在大庆的2号院，"揭开大庆工委的黑幕"。

1966年11月中旬，大庆工委组织平反工作会议，领导公开向被定义为反革命分子或被指控"犯错"的职工道歉。保存在他们个人档案中的"黑档案"，包括大字报，都被当着他们的面烧掉。委员会主任宋振明与所有平反人员握手。这些平反人员被授予"赤卫队"的臂章，表明他们再度成为革命组织的成员。

12月，流言在机关大院的干部间流传，11月的平反只是做样子。委员会保留了所有人的检讨材料，以便"秋后算账"。那些相信自己终于恢复名誉的人十分震惊，感觉受到了羞辱。12月9日，中央文件《中共中央关于抓革命、促生产的十条规定（草案）》（简称"工业十条"）发布，明确工人群众参加"文化大革命"、建立自己"革命组织"的权利。青山书记领头的老兵最先成立了"造反团"。他们货真价实的工人阶级背景为他们提供了保护。此后又涌现出其他造反组织，他们都声称自己是"保卫毛主席"的真正造反派和革命派。"828"组织由学生和年轻工人组成，以毛主席在天安门接见红卫兵的日子命名。老资格石油工人建立了"红联"，他们被年轻造反派指责为"保守派"，因为他们忠于目前的领导层。

1967年初，国家媒体号召所有"革命造反派"团结起来，从当时的官僚层级中"夺取权力"。造反组织之间存在着联盟、对抗和利益冲突。人们根据主导的政治风向改变他们的组织归属。所有事情都发生得太快太复杂了。

革命委员会

如何保持革命势头，同时又满足经济需求，仍然是北京的核心矛盾。大庆油田由于过于重要，无法作为革命热情的试验田。在"文化大革命"的前两年，原油生产几乎中断，因此造成1967年原油出现严重短缺。1967年3月，根据周总理的指令，沈阳军区的人民解放军被调至大庆维护秩序、恢复生产，大庆成为"文化大革命"中最早实行军事管控的地区之一。

  解放军倾向于保护高级干部，因为油田生产需要用到他们的生产经验。大庆革命委员会建立于1968年5月30日。"铁人"王进喜被任命为革委会副主任。[1] 所谓的"保守派"工人团结起来，在解放军的领导下，帮助维持秩序，提高生产。8月，北京出现的一些大字报表明保守派和造反派之间的冲突愈演愈烈。来自齐齐哈尔的约3000名工人被召集起来，参与到对抗造反派的斗争中。[2] 最后，1967年秋，解放军成功恢复大庆秩序，保护了石油生产。1969年，很多之前在"文化大革命"中遭到肃清的领导恢复了职务。随着有经验的工人和领导回归，石油生产恢复正常。但是社会冲突和政治斗争仍在继续。1969年至1971年，没有向工人发放过任何奖金。[3] 1969年2月，康世恩回到石油工业部工作。周总理和余秋里鼓励他尽快提升原油产量，既要缓解国内严重的能源短缺，又要将国内经济从崩溃边缘解救出来。[4] 在"文化大革命"期间，油田仍是中国经济增长的主要引擎之一。

  1969年初，大庆再次成为中国媒体的重要话题，经常与"四五"计划（1971—1975年）联系在一起。对大庆的赞美主要集中在它对中国技术能力的贡献，大庆作为一种模范社区重新进入大众视野。这些文章重复了1966年的大庆描写，部分甚至原文照搬。唯一的变化在于，大庆作为边疆前线的地位被淡化，这一社区呈现出日趋完善的样子，而不是令人生畏、生活艰苦的地方。

---

1 《大庆红旗放光芒》，《战报》1968年6月1日。
2 《交通混乱加剧了石油短缺》，*China Notes*, no. 253, 29 February 1968, 第5页。
3 根据《战报》报道，1967年时工人们当年退还了奖金，以拒绝"修正主义者的贿赂"。
4 温厚文等:《康世恩传》，第263页。

矿建办公室革命委员会：

　　我们俩准备今年7月1日结婚。本来打算等运动结束后或夺权后再回家结婚，因此，婚期一拖再拖。现在看来，等运动结束还得一个较长的时间，从夺权到斗批改的完成可能是个比较长的过程，而在运动中间和运动结束后肯定还有新的变化；而斗争中的反复也是长期存在的，因为这是两个阶级、两条路线的斗争，反复决不止一次，反革命逆流也绝不是一个短时期。所以，我们准备在今年庆祝我们党的生日时结婚。为此我们申请：

　　一、我们都已经离家五年了，家中父母也都年老。现申请探亲假和婚假50天，因家在江苏南京和浙江温州（目前尚无火车，需乘轮船或汽车）两地，需两处都去探望。

　　二、如果条件不许可，上级领导批准的五十天休假无法安排，我们就申请两个星期的婚假，到天津去一趟，晓华三姐的家在天津，也是五年没见面了。

　　请革命委员会能考虑我们的要求，给以答复，以便我们早做准备。

申请人　阿松　晓华
一九六七年六月十日

　　阿松和晓华同志1962年参加工作，五年未回家，经革命委员会同意，回家结婚与探亲，时间50天（连旅途）。

松辽石油勘探局
矿建办公室革命委员会（章）
一九六七年六月二十日

　　随着"文化大革命"的展开，晓华和阿松觉得迷失了方向。他们决定转而专注私人生活，是时候组建家庭了。申请批准之后，他们开始准备这次旅行。当时，中国城市居民通过配给制获得日常用品，他们的第一步就是要把配给票从地方的换成全国的，特别是粮票和布票。工作五年他们攒下了197公斤粮票和51尺布票，这些足够50天的花销。他们把大部分的票证通过邮政寄到南京和温州，因为带着上路太危险了。他们从办公室得到几份单位介绍信的复印件，用于在住宿用餐、办理结婚证和接受身份检查时出示。

　　1967年6月24日，他们终于踏上了旅程。造反派在机关2号院到萨尔图火车站的路上画上了各种标语口号。有些字用石灰水书写在沥青路上，像解放牌卡车一样大。在昏暗的灯光下，两

图 5-8　晓华和阿松建党节在天安门广场的结婚纪念照（1967年。来源：晓华）

人一步步踩在支持造反的大字上，走向火车站。

晓华和阿松先在天津和北京游玩了几天。7月1日是建党节，他们按计划在天安门的国旗杆前拍了一张结婚照。但是他们的旅行计划之后就被打乱了。

他们并不知道，就在他们准备出发的时候，中央发布命令，要求造反派不上街游行、互不打架、不抓人、不扣人、不阻碍铁路、公路、轮船运输，不拦路、拦车，不夺枪、不开枪"。这些命令反过来说明了当时中国的混乱状态。事实上，在1967年的夏天，地区交通经常中断。夫妻两人在温州滞留了两个月。在那里，革命造反派的火并将城市中心夷为平地。这场旅行对晓华和阿松来说印象深刻。一方面，这是他们的蜜月，他们远离了斗争中心，可以彼此陪伴，身边是他们的家人、亲戚和朋友们。另一方面，一路上他们目睹了打架、示威、爆炸，以及烧毁的建筑。这场旅行改变了晓华的人生方向，也改变了她的政治观念。

9月25日，地区交通终于恢复后，夫妻得以向大庆报告，结束他们漫长的假期。由于这意外的延迟，他们所有的全国票都用完了。他们身无分文地回到大庆，就像他们来时那样。晓华在她的日记里记录了这一天："面对现实！"

第六章
挑战大庆模式

1967年冬,油田的大规模居住区建设完成,阿松和晓华也开始了他们的新生活。11月,这对新婚夫妇分到了机关2号院旁的"科学干打垒"。标准的"干打垒"有两个房间,一大一小,进门处的过道充当厨房。由于快速增长的人口,大庆住房供不应求,但晓华和阿松可以优先分配住房,因为他们俩是双职工,又都是大学学历。可是阿松想想自己占了一整套,很多人却住得十分简陋,很不自在。一个同事刚生了女儿,因为同事的妻子不是油田职工,分房级别低,所以一家人只能住在一间半地下室里。阿松带着晓华去了他们家。当地人把这叫作地窨子:一半的房子挖在地下,可以既在寒冬保暖,又节省建筑材料。房子缺少日照、通风不畅,所以又黑又潮。婴儿的小脸和鼻孔都被烧原油的烟灰熏黑了。晓华替他们难过,为自己住得较好而内疚。

阿松和晓华想让他们家住到"干打垒"大间,自己住小间。小间太小,放不下单位发的家具。

图6-1 晓华和阿松的第一个家:萨尔图的"科学干打垒"(1968年。来源:晓华)

大庆:为了石油的建设

阿松不但是好建筑师，还是一个好木匠。他把两张单人床改成了一张双人折叠床，用工地上剩下的木材做了一张桌子和顶天立地的大书架。后来几个月，他甚至在"干打垒"外面加了一个厨房。晓华换上了她从萨尔图百货商店买的亚麻窗帘，房间看起来舒适整洁。"我们终于有了自己的地方，可以容纳我们俩的喜怒哀乐。"晓华舒心地想。

当同事来他们家看到装饰好的小间后，他才相信晓华和阿松诚心想把大间让给他们。于是那一家三口也搬了进来。

接下来的一年因为阶级斗争而紧张了起来。生活中充斥着政治活动："清除阶级敌人""巩固党的领导"，以及没完没了的政治学习。但对于晓华和阿松而言，这一年十分温馨。阿松在宣传办做图文设计、编辑报纸、画宣传画。他喜欢自己的新工作，能远离指挥部的政治纷争。晓华被选中在油田巡回演唱。她去石油生产前线、火车站和家属村，受到了热烈的欢迎。他们的小家经常被朋友们的笑声填满。阿松有一位记者朋友，他曾在两年前写了张著名的大字报，现在和阿松都沉迷于《红楼梦》，彻夜讨论。晓华学会了做饭，尽管她的邻居们经常拿她做的菜开玩笑。大多数时候，夫妻俩仍然都在食堂吃饭。

晓华的怀孕改变了这种温馨的状态。她恶心，没胃口，但在大庆只能吃到高粱、大白菜和土豆。阿松到哈尔滨给晓华买了一罐水果罐头。相对于他们挣的工资，罐头十分昂贵，所以晓华只在非常难受的时候才吃一两片果肉。怀孕六个月后，她脸色苍白、身体虚弱，甚至在工作中晕倒了几次。阿松建议她回温州待产，那里的医疗和饮食条件都会更好一些。阿松家人保证会好好照顾她，晓华的父母在南京接受政治审查，无暇他顾。

预产期前一个月，晓华独自前往温州。晓华的婆婆热情欢迎她的到来，态度十分亲切。浙江的生活条件要比东北好很多。淡水鱼、鸡肉和海鲜虽然贵，但至少是可以买到的。即便如此，晓华在温州的两个月感觉十分孤单。阿松的家人不会说普通话，而晓华听不懂温州方言。她非常想念留在遥远北方的阿松。10月下旬，女儿出生了，大家亲切地称她作小小华。晓华的婆婆对她仍像以前一样亲切，但她感觉到婆婆有些失望。在内心深处，晓华也更想要一个男孩。她的人生经验告诉她，男孩的日子会好过一点。

阿松写信给家里，建议晓华把孩子留在温州，因为大庆的条件对新生儿来说太艰苦了。分娩的痛苦、新手母亲的手忙脚乱、听不懂方言的孤独，以及即将离开孩子的恐惧，使得晓华有些抑郁。根据传统，母亲生完孩子之后不能四处走动。晓华觉得她像个囚徒，被关在阿松家的小阁楼上。孩子母亲的新身份束缚了她。

阿松的姐姐帮晓华在附近的乐清县找了一个奶妈。这家人住在一个很像样的老式院落里，最近添了个男孩。晓华看后放心地把她的孩子交给了奶妈。几天后，她买了回大庆的票，先去乐清县和女儿告别。她到的时候恰好小小华在床上大哭，而奶妈正忙着喂自己的儿子。这个场景让晓华无比揪心。她理解奶妈的行为，但听到女儿的哭声令她很难过。她自问："为什么一个乡下女人可以优先照顾自己的孩子，而我不行？"冲动之下，她决定带着孩子回大庆。阿松全家人，包括她裹小脚的婆婆，一起把晓华送上了去上海的船。后来，每每想起送行时婆婆愁苦的脸，晓华都十分懊悔自己当初冲动的决定，这使两个家庭遭了多年的罪。

北上前，晓华和女儿在南京又住了一个月。晓华差点放弃带孩子回大庆。那个冬天十分寒冷，家里的氛围也是沉甸甸的。晓华的姐姐与丈夫分居，和儿子一起回了娘家。姐姐受到政治调查，经常几天不能回家。她的儿子表现出与年纪不符的成熟。大多数时候，他都安静地坐在床上，等母亲回来。晓华的父亲刚刚结束审查被释放回家，但他每天都要向居委会报告个人思想，作自我检讨。家里没有轻松的对话，看不到笑脸，比在温州更加郁闷。她不能把小小华留在南京。

回大庆的旅程是一场噩梦。铁路没有完全从"文革"的无序状态中恢复过来。尽管武斗已经停止，但社会仍旧混乱。火车上挤满了人，就连厕所里也是，乘客从窗户爬进爬出。社会对陌生人的不信任在滋生。尽管人们同情带着婴儿的年轻母亲，但晓华还是不敢让小小华离开她的视线。一路上，晓华不吃不喝，避免上厕所，很快就没奶给孩子吃了。在天津短暂停留后，晓华鼓足勇气继续从天津坐17个小时的火车到哈尔滨，终于看见丈夫——他站在月台上，一脸忧心忡忡。

60年代末到70年代，石油勘探在全国范围内进行，中国石油工业发展进入高峰期。中国北部和中部发现了更多油田。1968年至1978年间，原油生产保持着20%的惊人年增长率，从年产1599万吨增长至10亿吨，与增长缓慢的农业生产形成了鲜明的对比。[1]10年内，中国从石油进口国变成了石油出口国。石油供给的高速增长改变了国家的经济格局，成为中国与昔日"敌国"的"润滑剂"；增长还为"石油帮"领导人谋取到更多政治空间，有望制定更宏伟的新发展项目计划。

工业战线上的鲜艳红旗

1967年到1969年间的生产停滞在中国引发了一场严重的能源危机。即使是煤炭大省辽宁，也向周恩来总理发出紧急电报，要求国家支援。相比之下，石油减产并没有那么严重，并在1969年之后快速恢复生产。事实上，石油生产是"文革"期间中国工业最闪耀的红星，一面"工业战线上的鲜艳红旗"。毫不夸张地说，十年"文革"时期，是石油挽救了国家经济。1970年，为了应急，年产量三分之一的1075万吨（1966年的数据是234万吨）原油，被送往电厂燃烧发电，而不是进炼油厂。这是对资源的极大浪费。但在缓解能源危机后，原油的去处仍未改变。1975年，原油产量达到7700万吨，3000余万吨原油被直接送到电厂。经历了那么多血泪艰辛，康世恩对烧原油十分痛心。"烧油，损失太大了，"他说，这些油"若是加工出来，价值要翻好几番哩"。[2]

70年代早期，中国停滞的工业发展未能赶上激增的原油开采量，国家的炼化设备严重短缺。以更好的设备和技术炼化石油的需求如此强烈，使得石油部门领导人成为走向世界的先行者。在中国与苏联断

---

1 陈东林：《"文化大革命"时期国民经济状况研究述评》,《当代中国史研究》, 2008年第2期。

2 温厚文等：《康世恩传》, 第293页。

绝关系后，中国开始缓慢地向西方开放，包括日本。法国总统戴高乐于1964年承认中华人民共和国。非官方的中日贸易恢复得更早。[1] 60年代中期，石油工业部开始从日本和欧洲进口炼油、化纤、化肥和化工等行业使用石油衍生品作为原料的工艺设备。[2]但是这些都是在国内外的不利环境下，面临巨大政治风险的零星交易。在60年代，由于严重短缺，中国不得不用外汇进口粮食，中国的技术进口受到限制。毛泽东所认可的"四五"计划（1971—1975年）强调权力下放，要求开发"小规模、自主研发、劳动密集型"的项目，而拒绝"大规模、外国进口、资本密集型"的项目。由于潜在的战争威胁，约40％的国家财政预算被用于军事国防。

石油人崛起

1969年至1972年，在"继续革命"的口号下，另一波下放权力、反对官僚主义、支持群众路线的浪潮兴起。毛泽东曾多次指出党内权力和资源过于集中。因此，地方得以控制小规模工业企业，规模以上工业企业被下放。1969年5月，毛泽东特别要求，将全国最大的国有工业企业之一鞍山钢铁厂管理权下放到鞍山市政府。1970年5月，国务院起草改革方案，下放国有企业控制权，其中包括大庆油田和长春一汽。超过86％的中央直属企业移交省级政府管理。[3]这一政策同时符合国防目标，即建立在战争威胁下能够独立生存和运作的地方工业系统。这些措施导致了70年代早期中央控制力的消退。

在1970年，由于地方政府被赋予更多的自主权，国务院进行了重大改革。超过80个部门和委员会被撤销或者降级，仅剩27个部委，职工人数减少72％。在这次重组中，大多数石油部门领导干部被复

---

[1] Akira Iriye, "Chinese-Japanese Relations, 1949-90", *China Quarterly*, no. 124: 624-38.

[2] Kenneth Lieberthal and Michel Oksenberg, *Policy Making in China: Leaders, Structures, and Processes*, Princeton University Press, 1988.

[3] 刘国光主编：《中国十个五年计划研究报告》，第304页。

职,很多人升至中央领导的重要岗位。国家经济委员会、国务院工业交通办公室、物资管理部、地质部、劳动部、国家统计局,以及全国物价委员会都合并到国家计划委员会,余秋里留任主任。建筑工程部和建筑材料工业部合并为国家基本建设委员会,由谷牧领导,他在60年代曾是余秋里的同事。1973年,谷牧成为余秋里的副手,担任国家计划委员会副主任。石油工业部、化工部和煤炭工业部也于1970年合并,成立燃料化学工业部,由康世恩任部长。唐克在60年代早期大庆油田开发监管中发挥了重要作用,作为原石油工业部副部长,他又成为康世恩手下的副部长。

1971年,九一三事件预示着高额国防预算和紧张国际关系的结束。1972年,尼克松和田中角荣分别到访北京,预示着中国开始重新向世界开放。1972年9月,日本输出入银行延长中国贷款偿付期限,这是两国外交正常化的直接结果,开启了中国和外部世界经济关系的新时代。[1]

随着政治形势和国际环境的变化,关于社会主义国家意识形态和战略的争论日益激烈。尽管大庆油田一直被宣传为自力更生的模范,但石油部门领导人明白先进技术对于稳增产的重要性,以及自主研发、劳动密集型模式的局限性。因此,当他们制定国家计划时,大胆进行了变革。

"四三方案"和流动的"黑金"

1972年1月,余秋里领导下的国家计划委员会向国务院提交了《关于进口成套化纤、化肥技术设备的报告》。[2]该计划涉及4亿美元资金的外购,在1972年2月5日,很快由毛泽东同意通过。受到这一

---

[1] Yoichi Yokoi, "Plant and Technology: Contracts and the Changing Pattern of Economic Interdependence between China and Japan", *China Quarterly*, no. 124 (December 1990): 694–714.

[2] 参见余秋里:《中流砥柱 力挽狂澜》,中共中央文献研究室《我们的周总理》编辑组《我们的周总理》,中央文献出版社,1990年,第42—63页。

成果的鼓舞，余秋里和几位副总理一起提交了几份进口计划，重点采购化学、石油、钢铁、化肥、化纤和发电等行业的全套工业生产线和设备，对外采购金额合计达43亿美元。这一"四三方案"被视为"一五"计划之后的第二波大规模引进计划。[1] 利用这些引进设备，26个主要工业项目落地，包括上海金山石油化工总厂、北京石油化工总厂、大庆石油化工总厂，以及武汉钢铁公司的新轧钢机生产线等。此外，还购买了远洋货轮和飞机。陈云和邓小平分别在1972年和1973年复职，他们是"四三方案"的坚定支持者。1974年，邓小平作为中华人民共和国第一个出席联合国大会的代表，宣布："自力更生决不是'闭关自守'，拒绝外援。"[2]

1973年，随着第四次中东战争爆发，石油开始成为富油国的最强大武器。在一年的时间内，国际市场的石油价格从2.59美元一桶上涨至11.56美元一桶，引发全球能源危机。在工业化国家中，日本受创最深，因为其石油消费完全依赖进口。而中国国内原油生产正在增长，由于高企的世界石油价格和日益和缓的中日、中美、中欧关系，中国石油不再浪费在锅炉中，而是找到了外国买家。

石油取代农业产品和其他矿产资源，成为中国最重要的出口收入来源。1973年，中国向日本出口100万吨原油。1975年，中国原油出口总量达到了1160万吨，日本成为中国最大的买家。[3] 并且，中国不再对其他国家隐瞒石油储量信息。相反，中国政府开始高调报道新的勘探发现和快速增长的石油产量。事实上，在70年代中期，大庆油田的位置就不再是国家机密了。1975年，中国政府邀请美国报纸编辑协会的20人代表团访问大庆，意在表明中国政府对石油工业取得的成就充满信心，愿意加入国际市场。《华尔街日报》的记者威廉·吉

1　陈东林：《七十年代前期的中国第二次对外引进高潮》，《中共党史研究》，1996年第2期。

2　Jonathan Spence, *The Search for Modern China*, Norton, 1999, p. 607.

3　陈正祥：《中国的石油》，第188页；Lieberthal and Oksenberg, *Policy Making in China*。

尔斯作为代表团的成员,描述了他对大庆的印象:

> 凌晨3点45分,太阳在中国东北这片广袤无垠、尘土飞扬的平原上悄然升起,但是白昼只会让这里变得更加陌生。20世纪50年代,羚羊和狼是这片废土上唯一的居民,而今天的大庆是中国快速发展的石油工业的重心……是外人禁入的禁区……但是,一个美国记者现在站在这里,望向麦田和南瓜地,徒劳地寻找着这个石油国家的显著标志。
>
> 中国原油生产自1971年以来,增长了一倍多,预计目前日产量110万桶。这一数字远小于美国840万桶的日产量,但上涨趋势猛烈,而且会持续下去。副总理邓小平是中国排位第三的官员,他在上个月表示,石油工业将与农业和钢铁生产一起,在中国经济计划中得到优先考虑……这个有40万居民的地方,显得安静而从容。平原上游荡的猪羊鸡鸭,要比住在土坯或泥砖房里的人们更加活跃。只有偶尔发生的原油泄漏和远远燃烧着的伴生气放空火炬,才能暂时提醒你这是一个石油国家。到处都充斥着乡土而非工业的味道。[1]

试水

随着出口量的增长,石油部门领导人更加积极进口新技术和设备。尽管石油产量增长迅猛,但其可持续性仍旧存疑。传统的高劳动力投入已经将生产推至极限,城市投资仍面临严重的制约。

1969年末1970年初,英国人和挪威人在北海发现了大储量油田。全球石油勘探延伸至大陆架。1973年石油危机后,人们开始疯狂在海上勘探石油。这种石油不仅生产成本更高,而且对技术要求更高。国外对渤海湾和中国南海原油储量的乐观评估,也让中国充满期待并行动起来。[2]

除了生产下游石油产品的成套设备外,中国还在世界市场购买

---

[1] William Giles, "Liquid Asset: China's City of Taching Abounds with Ducks, Hogs, and Also Oil", *Wall Street Journal*, 7 July 1975.

[2] Lieberthal and Oksenberg, *Policy Making in China*, p.194.

图6-2 大庆化肥厂,厂房采用了经济实用的砖砌工业建筑风格(来源:《大庆》画报)

石油钻井平台、海洋勘探船、计算机、地震勘探数据处理器、升级管道等。在"四五"计划期间,日本一个国家就拿到了中国63%的工厂建设和技术引进合同。[1]

然而,外国进口十分昂贵。70年代,中国尚缺乏足够的议价能力和必要知识在西方国家进行大规模的国际采购。海洋钻井设备的价格随着渤海湾和南海的石油勘探开展而迅速提高。1972年,中国用900万美元从日本购买了二手石油钻井平台"富士"号(后更名为"渤海2号")。一年以后,中国试图以2260万美元购买一艘新的潜水驳船,

---

1 Akira Iriye, "Chinese-Japanese Relations".

但没有成功。中国转向挪威公司求购，一艘同等型号的驳船最终价格敲定为3800万美元。[1]

1973年以后，中国对外国工厂和设备的采购量增长迅速，很快就超过了出口量。由于国际收支平衡困难，对大规模进口的批评与日俱增。1974年，中国的贸易逆差达到历史高点。"文化大革命"的斗争思维严重损害了国内和资本主义国家的贸易关系。这种恐惧和挫败情绪可以追溯到鸦片战争时期清政府的失败，用中国资源换取外国资本主义商品被视作受帝国主义剥削的祸根。"中央文革小组"，特别是江青和张春桥，批评"四三方案""将能源危机从资本主义世界转移到中国"。与之相应，他们倡导进口替代战略。两条路线的冲突在1974年的"风庆轮事件"之后愈演愈烈。在该事件中，激进的"文革小组"庆祝国产风庆轮试航成功，批评购买昂贵的二手外国轮船的做法。由于"四三方案"的总设计师周恩来患癌症住院，邓小平被批评为"洋奴"思想，与百年前洋务运动的李鸿章和曾国藩一样，是"买办资产阶级"。在石油工业领域，康世恩因为进口昂贵的罗马尼亚钻井设备而被王洪文批评。[2] 大庆化肥厂和乙烯厂的建设被严格审查，勒令暂停。

不断扩大的工业集群

"文化大革命"开始后，全社会的混乱状态降低了生产速度，工厂也放松了管控。人们的私人空间和时间渐渐增多，工人可以拥有更多常规休息日和假期。大部分60年代到达大庆的青年男女步入三十而立的年纪。由于油田群体相对同质化，70年代初期出现了第一次大规模婴儿潮，随之而来的是住房需求的增长。

人口激增和需求扩大的情况不仅发生在大庆，而且出现在全国。1962年开始，随着国民经济恢复，接下来十年的出生率急剧上升，创

1　陈正祥:《中国的石油》，第204页。

2　温厚文等:《康世恩传》，第321—330页。

图6-3 1974年的大庆"干打垒"村（来源:《大庆》画报）

下历史性纪录。这一次，中国农村人口出生率快速超过城市：一名农村女性平均生育五到六个孩子，城市女性仅生育两到三个。[1]在这段时期，城市和农村之间人口大量流动，城乡劳动人口大规模融合。城市青年下乡、领导干部去"五七干校"劳动学习，大量农民被缺少劳动力的城市单位招聘，成为临时工，但通常不会为他们解决非农业户口。城市鼓励开垦和耕作，而小型工业企业在农村蓬勃发展。

1969年和1970年的农业收成很好。1970年，全国粮食生产按计划达到2400亿公斤。但由于前13年增长近2亿人口，因此人均粮食消费量甚至低于1957年的历史最低水平。每个人平均每天只能从国内生产中获得0.79公斤粮食。其他食物的平均消费量非常少，只能按年均计算，比如每人年均猪肉供应是7.5公斤、食用油2.1公斤、

---

[1] 源自国家统计局人口统计司编制的第一本《中国人口统计年鉴》，中国展望出版社，1988年。

糖1.6公斤。[1]这些食物远远不算充足，基本上只是略高于饥饿线。因此，中国仍需继续从外部世界进口粮食。

尽管国家加强控制，大规模迁出城市居民，但农村人口仍大量向城市迁移。1962年至1972年城市非农业人口的年增长率保持在2%，即使考虑从城市外流的人口，这已经是一个非常保守的数字了。1972年初，周恩来总理在全国计划会议上宣布，全国职工人数突破5000万，工资支出突破300亿元，粮食销售量突破400亿公斤。在计划经济中，这"三个突破"并非积极的发展指标，而是意味着国家负担，这些资源本可以用于工业生产。

---

[1] 刘国光主编:《中国十个五年计划研究报告》，第300页。

从车站出来，晓华一家三口没有回到他们在萨尔图的第一个家。三个月前，全国开展"上山下乡"运动。成千上万的城市青年被送往农村，领导干部被送去"五七干校"。大庆的"五七干校"位于油田的东北角，原先是个叫"工农团结农场"的奶牛牧场。1965年北京石油学院迁到这里。来自北京的学生花了几个月时间建设校园，盖起"干打垒"教学楼。没过多久，上面炮打"资本主义司令部"[1]，学生回北京参加"文化大革命"，学院被废弃，直到重新开放为"五七干校"。晓华和阿松也要参加干校的培训，这也是阿松一开始劝晓华把孩子留在温州的原因。但当阿松得知晓华决定把孩子带回大庆之后，他努力为她们在农场营造家的感觉。

这里有不少"干打垒"，所以他们可以住得更宽敞些。把家里的物品搬来之后，阿松重新整理了一遍。这里天然气供应不充足，阿松担心房间对婴儿来说太冷了，于是又用一个空汽油罐和石棉管装了一个炉子。他还煞费苦心地在屋顶凿了一个洞作为通风口。大庆的原油储存在露天矿井中，冬天，油会像豆腐一样冻住。居民们通常用铲子挖出一块块的原油，带回家用作燃料。阿松在厨房外整齐地码放了一些油块。当晓华踏进他们简陋的土坯房时，她被阿松的努力感动了。"不管怎么艰难，我们一家人至少在一起。"她对自己说。

1969年初，冬天笼罩了整个国家，几乎没有解冻的迹象。团结农场像一个孤独的岛屿，被包围在雪的海洋之中。农场之外是雪白的荒无人烟的平原，一望无际。从团结农场到萨尔图每天有两班交通车。没有交通车的话，即使天气晴好，至少也要花两个小时才能步行到萨尔图。

农场头两个月的生活过得飞快。因为孩子，晓华整夜睡不好觉。幸运的是，她白天的工作并不复杂。农场有几支劳动队伍，大部分从事农业生产。农场还有日托中心、食堂，以及有两名赤脚医生的诊所。干部要到不同岗位轮岗。晓华被分配到一个木工作业队，为学校制作简单的桌椅。邻居知道晓华不擅长针线活，他们帮她给小小华做婴儿服。晓华每天两次去日托中心给小小华哺乳。日子简单而朴素，但能过下去。很快，晓华喜气洋洋地准备起他们一家三口的第一个春节。

除夕前三天，晓华在晚饭后突然下腹剧痛、不停呕吐。诊所医生给了她一些止疼药，但是没什么用。第二天早上，晓华和阿松把小小华留在邻居家照顾，坐上交通车去了萨尔

---

[1]《炮打司令部——我的一张大字报》写于1966年8月5日，并在中共中央八届十一中全会上印发。

图。晓华被确诊患了急性阑尾炎,需要住院。

担心她的孩子在家里没人照料,晓华坚持做保守治疗,所以医生只给她开了青霉素。她都没有打针的时间,马上赶上最后一班交通车回家。回到农场后,"赤脚医生"说,当晚给她注射青霉素不安全,因为过敏测试的结果有问题。这位"赤脚医生"没有受过专业的医疗培训,而且那天已经很晚了。夫妻两人只能等第二天。一夜无眠,第二天一大早,阿松就跑到路上,拦路过的车辆。当他好不容易找到一辆顺风卡车,把晓华载到萨尔图医院时,她已经陷入昏迷。更糟糕的是,当天萨尔图医院没有医生。医院最好的外科医生被打成"资本主义反动权威"送去扫大街了。在找到一个有资质的医生之前,只能由护士长给晓华动手术。晓华熬过了手术,但手术后出现了并发症。接下来几个月,她受到各种感染的折磨。有好几次,她都在生和死之间挣扎。

晓华住院的时候,阿松每天往返于萨尔图和团结农场。晓华看得出阿松瘦了,脸上刻上了疲惫的皱纹。晓华心中愧疚,甚至无法开口问他怎么来回照顾三个月大的孩子和生病的妻子。几年后,她才知道阿松有一天去了他们以前2号院旁的"干打垒",那里离医院只有几步路。阿松想问问他之前的同事能不能让他和小小华临时住在小间里,这样就不

图6-4 晓华和阿松在他们的第二个家:团结农场的"干打垒"(1969年。来源:晓华)

用每天长途来萨尔图,可以离还在哺乳期的晓华更近。但是他前同事的妻子堵在门口,不让他进屋跟她丈夫说话——这对夫妻后来又添人丁,妻子担心阿松想要回他们的房子。阿松说当时他觉得他的心像大庆的冬天一样冷。他对"集体精神"和"自我牺牲"的信仰被击溃了。

幸运的是,团结农场很多人热心帮忙。小小华像小猫一样孱弱,但靠着服食牛奶、其他母亲的奶水以及外祖父母从南京寄来的婴儿配方奶粉,她活了下来。

1969年夏天,住院四个月、两次手术后,晓华终于出院了。尽管很想对家庭有所弥补,但她很快发现,作为妻子、母亲、单位职工和家庭主妇,生活在这遥远的农场里,她身上的担子极为繁重,很难完全兼顾。她经常感到下背部和腹部疼痛。农场工作成为真正的折磨。除了生活条件差之外,所有家务要亲力亲为,耗时耗力。她努力把有限的大米和小麦分给营养不良的丈夫和孩子。买东西需要排长队,令人精疲力竭。小小华又瘦又小,经常生病。但是晓华不信任农场的"赤脚医生"。每次小小华发烧或者咳嗽,晓华就坚持带她去萨尔图医院看病。几个月的工夫,晓华已经到了她体力能够支撑的极限。

1969年3月,"珍宝岛事件"爆发,中国与苏联在边境的冲突加剧。[1]大庆油田靠近中国北部与苏联西伯利亚地区的边界。很多人开始把家人送回农村。阿松家建议把小小华送到温州。晓华一开始坚决拒绝。她不想白受这几个月的煎熬,她想要一家人待在一起。

不久,密集的政治学习结束了,黑龙江省处于高度戒备状态。"五七干校"组织干部建造防空洞、囤积粮食。大城市的学生被疏散。晓华极度担心她女儿的安全。南京家里写信给她,催促她把小小华送到爷爷奶奶家。晓华最终还是向现实妥协了。在开往南方的火车上,她忍不住后悔她之前的决定。从一开始就是她拖着阿松来了大庆,让她的丈夫和女儿经受了巨大的痛苦。南方没有寒冷的冬天,食物和医疗都要好得多。她禁不住想:为什么这么天真,放弃了舒适的机会,给她的家庭带来了这么多苦难?

---

[1] 这是中苏之间最严重的一次边境冲突,战争几乎是一触即发。

逐渐恢复的城市支出

1971年11月,国家基本建设委员会召开城市建设座谈会,拉开了恢复建设的序幕。1972年12月,伴随城镇投资的恢复,重新设立了国家基本建设委员会下属的城市建设局。在"五七干校"的城市规划工作者回到了先前的岗位。

统计数据反映了中国城市的现状。由于缺乏投资,城市破败不堪。1973年,很多城市面临用水短缺。比如大城市北京、天津和西安,三分之一居民日常用水不足。由于缺乏足够的水压,很多住在高层楼房的城市居民不得不每天晚上从一层把水搬到楼上。在青岛,工厂定期关闭,以节约夏季用水。为了避免纠纷,市政府发放水票,每个居民每天的配额是15升。[1]城市里没有什么交通拥堵,因为机动车很少,但是公交车里总是过于拥挤。176个中国城市中,共有15831辆公交车,平均每个城市90辆,但实际上很多城市都没有公交车。公交车站、食品店、水站和其他提供日常必需品的地方都排起了长队。

住房短缺的问题也非常严重。1974年,城市建设局下辖的新成立的房产处起草了一项住房政策,以改善现有的住房存量,但是该政策没有优先考虑开始的新的建设,城市建设主要是在原本的基础上"见缝插针"进行的。通过这些持续的努力,到1976年,190个中国城市的人均居住面积达到了3.6平方米。

蓬勃的中国石油工业促进了城市基础建设缓慢而稳定的发展。液化石油气开始在城市广泛使用。1972年至1975年间,受益消费者的数量增长了40倍。炼油厂的副产品沥青,为1978年铺设的14万公里公路做出了贡献。

矿区的扩张

在60年代末70年代初,大庆建设不再是乌托邦,而是更加贴近实际。住房随着自建房和工农村扩展而缓慢增加。随着经济形势好

---

1 曹洪涛、储传亨主编:《当代中国的城市建设》,第102页。

转、政治命令减少，村庄建设得更大，新房子基本上用砖而不是泥和干草建成。当更多交通车出现后，很多偏远孤立的"夫妻井"被弃置。学校里都是孩子，医院、商店和交通车里更加拥挤。70年代，已完成建设的住房总面积达到了179万平方米。[1]

大庆油田呈带状，南北延伸140公里，在70年代满负荷投产运行。偏远的北部和南部原本用于战时储备的油藏，比如喇嘛甸油田，很快也被开发。1974年，一条大庆至渤海湾秦皇岛港口的1157千米输油管道竣工。出口到日本的原油90%来自大庆。

人们在大庆的生活聚落紧跟着石油工业生产的轨迹。工业规划网线交错，分割大庆景观，决定了居住区选址。这是一个开放的结构，当油田生产扩大时，也能相应拓展。越来越多的行政、管理、研究、交通指挥部门和炼油厂都集中在狭窄的交通主干道沿线，长得一模一样的居民点和村庄由从中间向外延伸的矩形道路网络连接。一级聚居区包括三个工业城镇：萨尔图、让胡路和龙凤，每个城镇的人口在4万—6万之间，位于滨洲铁路沿线。工业城镇的生活设施自给自足，提供教育、文化和卫生服务，比如商店、银行、邮局、餐馆、旅馆、照相馆、学校和医院。生产单位的指挥部位于中心村，为2500—4000人提供适度的生活保障，通常位于单位"指挥区域"的几何中心。生产大队通过采矿道路连接1000—1500人的基层生活基地和油田生产设施。居民点周围的农场和油井，距离居住地只有30分钟的步行路程。

东西走向的滨洲线和南向的让通线两条铁路，是大庆的主要交通通道。三条与让通线平行的垂直道路连接起北边的萨尔图生产基地和南边的大同镇。一条以小角度平行于滨洲线的东西向省内道路连接起大庆的工业城镇（萨尔图、让胡路、龙凤和后来发展起来的卧里屯）和哈尔滨、齐齐哈尔等其他城市。其他东西向道路30到60公里不等，

1　秦志杰：《从分散到聚集》，选自中国城市规划学会编《五十年回眸——新中国的城市规划》。

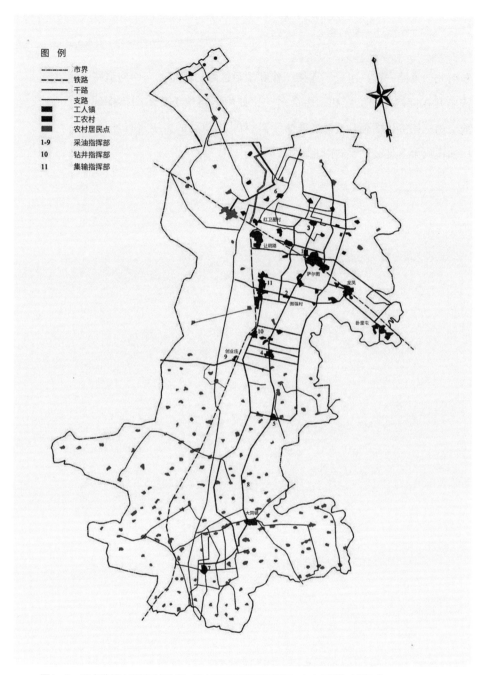

图6-5 80年代的大庆居民点分布，其中黑色区域为油田矿区，灰色区域为农村聚落
（来源：作者根据大庆农业区划办公室《大庆农业土地资源图》绘制）

挑战大庆模式

和南北向道路一起，组成了连接工作和生活区域的网格。东西向道路依照其在网格中的位置和顺序命名，比如中七路位于萨尔图指挥部前，南二路穿过图强村（第二采油厂）。南北向道路的名字富有含义，比如铁人大道是最重要的南北动脉。

"五七"干校的关闭和它的成立一样出人意料。70年代中期,正当晓华认为这样的生活将永远过下去时,干部们突然都"解放"了。他们被重新分配了工作。晓华和阿松回到了让胡路的大庆设计院。他们在大庆的第三个家是在设计院里的砖房。他们从农场带回了一些自制家具:一个小小的厨房橱柜、一块不规则的厚砧板,以及一个用作餐桌的旧箱子。他们新家的上一位住户给他们留下一个地窖,可以用作天然冰箱。地窖里很快就装满了罐头和南方家里寄来的婴儿奶粉。

自晓华提着皮箱来让胡路起,已经过去了十多年。在学校里相识的年轻男女们纷纷成为夫妻和父母。他们都被卷入瞬息万变的环境中,小家庭在食物严重短缺、城市设施匮乏、政治环境的紧张不安和各种家庭困境中艰难挣扎。有些家庭完全迷失方向,有些家庭则更坚强地应对着困难。小黄现在已经是老黄了,他和他的妻子一直是晓华信赖的支柱。晓华和阿松从"五七干校"回来的时候,老黄刚刚从"天宫"里放出来——他因为过去的造反派经历和海外关系,被关了六个月。尽管面对严厉的指控,老黄每天在他的牢房里坚持锻炼,从没向政治压力屈服。当两户人家分别多年后第一次重逢时,老黄依旧十分健壮。他们都没有流泪,也没有抱怨他们的处境。老黄的妻子像往常一样把屋子收拾得干干净净。陈大师娶了让胡路医院的医生,已经有了两个孩子。他们家像迷宫,曾经都是蓝图、草稿和书,但现在大师把时间花在了读烹饪书上,设计狂人专注于为家人提供更好的营养。

设计院即将恢复总体规划室,晓华和阿松接到通知,他们其中之一将被分配到那里。领导和阿松都没想到晓华会这么抗拒分配。晓华认为她所学的城市规划专业,是过去挫折的主要源头。对她而言,就像愈合的伤口将被再次揭开。"规划工作政治性太强,所以我想保持一定距离。"晓华之后回忆。她坚持两人一起去土木工程室。但这不是个人的选择,这是命令:两人中必须有一个在总体规划室工作,不得抗拒组织分配。阿松也不想做规划工作,但他更实际。他回家劝说晓华接受现实。

由于过度的失望和愤怒,晓华说了让她事后后悔的话:"你算什么男人,这点压力都承受不了?!你算不算当过造反派?"

这是两人第一次因为外部压力而关系紧张。阿松没有说什么,但他离开了晓华,让她自己静一静。几天后,怀着复杂的心情,晓华前往总体规划室报到,这样阿松就能继续留在土木工程室。她坚持认为阿松这样有才能的人,在建筑工程领域更能成就事业。而她则早已放弃了成为受人尊敬的矿区规划工作者的希望。事实上,她觉得自己在职业道路上走不远了。她心情低落也源于她怀上了第二个孩子,不知道能否胜任母亲的角色。70年代早期,国家开始宣传计划生育的好处,提出"三个太多，一个太少，两个正好"的口号。城市妇女的平均生育率直线下降，从50年代的五个下降到70年代的两个。晓华和阿松决定留下这个孩子给小小华添个伴，同时也暗暗期望能生下一个男孩。怀孕让晓华延缓了几个月回归规划岗位。

1970年8月3日，大庆至秦皇岛输油管道开始建设，对外称"八三计划"。阿松被分配到这个项目的工程队工作。队伍沿着管道建设的路线，从大庆到吉林、长春，最后到达河北省秦皇岛。有消息称，石油工业部将在秦皇岛附近设立管道局。为了抓住这个离开大庆定居城市的大好机会，晓华全力支持阿松的新工作。在接下来的四年，阿松很少在家。晓华每隔两三个月才能见他一次。于是，家庭的重担就落到了晓华的肩上。

大庆生活的八年锻炼了他们，从热血的叛逆青年成长为顺应环境的大家长。由于在干校食堂的轮班工作，晓华学会了烹饪。她可以做出好吃的手擀面，能像专业厨师一样快速切土豆丝。她学会了缝衣服和做鞋，还是一个称职的木匠。她熟练地料理家里的炉子。在当时严格的定量配给制度下，一个家庭最容易获得的营养物质是鸡蛋。阿松经常从农村的黑市买鸡蛋回家。因为这样的交易是非法的，在火车检查时，阿松经常把鸡蛋放在桶里，用自己的衣服盖起来做伪装。这很容易被治安巡逻人员发现。一次，阿松在火车即将驶离车站时被识破。在治安人员试图把他的桶从火车上拉下来的时候，鸡蛋掉在地上摔碎了。围观者都忍不住发出叹息。从那以后，阿松开始用手提箱装鸡蛋。他小心地用报纸将鸡蛋包起来，并在手提箱里用纸张搭设稳固框架来保护鸡蛋。自此以后，他带回家更多鸡蛋，而且鸡蛋从没被打破过。常坐这班火车的乘客纷纷效仿他的办法。"我学的结构力学专业知识终于有了用武之地。"有一次，他在晓华面前，半是嘲讽半是自夸地说。

晓华的二女儿出生，取名为"雁"，意为秋天南归的大雁。他们多想回到南方啊！休完56天的产假后，晓华回到了总体规划室。尽管没有家人的帮助，但她仍不想在最初几个月把雁送到托儿所。她的办公室和家在同一个大院，她可以在工作时间回家照顾小雁。把孩子哄睡之后，她会小心翼翼地把孩子放在床上，安好枕头盖上被子，然后锁上房门离开。有时她中途回来，会发现小雁的小脸上满是干了的泪痕。小雁的泪痕在母亲心里也灼烧出深深的烙印，但晓华还是觉得大庆托儿所里都是细菌和病毒，缺乏通风，废弃物和污水处理系统也不够完善，孩子容易得传染性疾病。托儿所没有护士，负责照顾的家属都是靠着她们有限的乡下经验。

冬天到了，晓华又有了抑郁症状。繁重的压力、寒冷和睡眠障碍导致严重的哮喘，她处于崩溃的边缘。1971年底，晓华和阿松第一次递交了离开大庆的申请书。

"洋跃进"

邓小平不顾反对派的强烈反对，坚定推进"四三方案"。1974年1月，国家计划委员会提交了《1976—1985年发展国民经济十年规划纲要》。随着与美国和西欧外交关系的改善，国防工业不再是最优先级。国家计划工作者继续推动大规模进口炼油化工技术和设备，再一次提出"超英赶美"的口号。该计划最初于1975年开始审议。1月，余秋里升任副总理，并保留在国家计划委员会的职务。

1975年2月的春节，电影《创业》公开上映。这个故事受到大庆石油会战的启发，"铁人"王进喜和石油部门领导是电影的主角。第二天，文化部部长于会泳接到紧急电话，被叫到江青的办公室。由于她的干预，电影被突然叫停。胡乔木领导下的邓小平智囊团——政治研究室，找到了《创业》剧本的作者张天民，帮他向毛泽东求情。1975年7月25日，毛泽东指示恢复放映。[1]

但是，邓小平的胜利只是暂时的。1975年11月，《1976—1985年发展国民经济十年规划纲要》提交全国计划会议讨论。反对派强烈批评这个计划，指责邓小平妄图成为毛泽东的接班人。1976年4月，邓小平第二次被打倒。出乎反对派的意料，毛泽东指派了华国锋——而不是王洪文或者张春桥——来接替邓小平的位置。尽管备受批评，华国锋坚持实施《十年规划》，重视利用外国援助发展重工业。不久之后，1976年10月，"四人帮"被逮捕，余秋里回到北京，在华国锋领导下工作。

简朴的大会棚

1976年，大庆年原油产量创下新纪录：5030万吨。与此同时，大庆成为全国模范单位。华国锋试图通过维持毛泽东的影响力来保持

---

1 雷厉：《历史风云中的余秋里》，第147—156页；温厚文等：《康世恩传》，第324—327页；于光远：《我忆邓小平》，香港时代国际出版有限公司，2005年，第27页。

图 6-6 大庆人在阿松设计的铁人王进喜纪念馆前庆祝"四人帮"的倒台
(1976 年。来源:《大庆》画报)

领导地位。毛泽东于 1976 年去世后,天安门广场建起毛主席纪念堂,上书具有象征性的标语:"毛主席永远和我们在一起。"1977 年 2 月 7 日,《人民日报》、《红旗》杂志和《解放军报》联合发表社论《学好文件抓住纲》,具体提出:"凡是毛主席作出的决策,我们都坚决维护;凡是毛主席的指示,我们都始终不渝地遵循。"华国锋将大寨和大庆两个模范提升到了前所未有的高度。1977 年,"全国工业学大庆"会议在北京和大庆召开,华国锋在会上宣布:"要在本世纪内,把我国建设成为全面实现农业、工业、国防和科学技术现代化的社会主义强国。"他引用毛泽东曾经说过的话:"如果你搞了五六十年还不能超过

美国,你像个什么样子呢?那就要从地球上开除你的球籍!"[1]官方媒体指出,尽管"文革"期间斗争激烈,但石油工人还是坚持了毛泽东思想。70年代的大庆宣传中,独立自主仍被强调,但技术的作用也被凸显出来。

全国会议的召开让人们再次蜂拥至大庆。新建的体育馆用来承办这次盛大的活动。尽管这是一个多功能体育馆,但被称为"大会棚",代表其务实精神和简朴本质。大庆的其他公共建筑也有类似的命名规律。比如,电影院被称为"中心会议室",宾馆被称为"接待站"。装饰装修是严格禁止的。宋振明是大庆油田的新一代领导人,他要求大

---

1 刘国光主编:《中国十个五年计划研究报告》,第405页。

会棚外面要像"干打垒",细节上也"不能整洋了"。[1]从基层劳模提拔上来的另一位大庆领导人张洪池,建议将体育馆建成"大草棚"。但无论是泥砖还是干草都无法支撑大跨度结构。最后,该建筑用预制板建造,外部是清水墙面,没有任何装饰或绘画;壁柱一开始都不让抹灰,不允许设雨棚,设计人员解释是出于防水需要,宋振明才同意。体育馆建在贫瘠的田野上,没有任何景观美化或者硬化铺地。没有精致的入口广场,没有花园,也没有花坛。在体育场前竖一根不起眼的旗杆的方案,被宋振明驳回。会场里是否需要摆放绿植,引发了领导们的激烈讨论。建筑以大庆速度在150天内完工。

1977年,成千上万的人来参观大庆。"干打垒"继续代表着大庆精神,但是大庆的简朴程度成了讨论的话题。当一位中央领导人在2号院的接待站里看到硬木地板时,他说:"看来大庆也没有我想的那么朴素。"宋振明听到后嘀咕:"我们不是牧羊人,不能总是青天一顶,草原一片。"[2]

依照"干打垒"精神,大庆人在这些原定的"临时住房"里已经住了20年,但没有改善生活条件的可能。

---

[1] 根据对设计师的访谈,2008年于大庆。

[2] 同上。

晓华家和阿松家很挂念小雁和她辛苦的母亲。1972年,阿松的姐姐把她的14岁女儿佩珍送来,帮助晓华照顾孩子。佩珍的出现暂时缓解了晓华的身心压力。2月,尼克松访华后,中国国家广播电台开始播放英语课广播节目,学习英语成为全国性的潮流。设计院也开设了四小时的英语课,由情报室的女职工教授。晓华热切地将注意力转移到了英语学习上。

晓华办公室的同事都尽力逗她开心。有三位曾在国家测绘局工作的干部,在边疆度过了大半辈子。他们才40岁就患上了职业病,比如关节炎或者胃病。大庆设计院接收这些没法再从事田野工作的测绘专家,他们自嘲是"废物利用"。他们尽管不得志,但仍旧

图6-7 晓华、阿松二女儿小雁和阿松外甥女佩珍在让胡路设计院内砖砌的第三个家前的合影(1973年。来源:晓华)

努力工作，喜欢开玩笑。年轻同事把书法爱好带进办公室。临摹名家字帖也能分散晓华的注意力，让她平静下来。她不再像之前一样在工作上投入大量精力，在她对城乡结合模式失去信仰后，绘图成为一项机械的工作。

小雁逐渐长大，越来越惹人喜爱。阿松好不容易在家的时候，很喜欢抱着她四处向同事和老朋友炫耀。佩珍走了之后，小雁被送去了托儿所。他们的大女儿小小华已经到了上学的年纪。她从南京回到大庆，和晓华、阿松住在一起，在让胡路的学校就读。邻居们帮晓华在他们院子里盖了个很高级的双层鸡舍。当时，各家各户都养鸡，是为家庭提供营养、维系健康最简单的方法。每当母鸡下蛋咯咯叫的时候，小雁就赶紧跑去捡鸡窝里的蛋。

1974年，胜利油田到上海金山石化总厂的输油管道建设，作为"四三方案"的重大项目之一，被提上日程。该输油管道设计院设在位于北京和天津之间的河北廊坊。一年后，终于传来了好消息。土木室的前领导被任命为管道设计院副院长，晓华听说她和阿松都在调任的名单上。不过，直到一年后，官方调令才正式下达。1975年的最后一天，一辆解放牌卡车终于来了，把一家四口和他们的物品从大庆运走，开启了他们回归城市的漫长旅程。

再建十个大庆!

华国锋将毛泽东"继续革命"的全面群众动员和经济增长的宏大目标结合起来,提出实现"新的大跃进"。好消息从工业前线传来:1977年中国石油生产总量超过1亿吨,原油产量居世界第九位。如果继续以该速度增长,中国将很快超过尼日利亚、伊拉克、科威特和委内瑞拉,成为世界第五大产油国。[1] 这蓬勃的发展前景令中国领导人和外部世界都感到炫目。1977年10月,时任美国驻北京联络处主任的乔治·布什撰写报告,建议华盛顿将中国视为潜在的石油资源国。[2]

1978年3月,余秋里的战友康世恩升任国务院副总理、国家经济委员会主任及国家计划委员会副主任。大庆年轻一代的领导人,比如唐克和宋振明,也被提拔主持国家关键的能源和工业部门。1978年春天,谷牧率领第一个省部级经济代表团访问西欧。他们受到了发达资本主义世界的热烈欢迎,很多国家愿意为他们提供低息贷款。

1977年和1978年,中美、中日在能源领域开展了广泛的互访。最重要的是与外国石油公司签订合资协议,调查、勘探、开发中国的海洋石油资源。[3] 不久后,美利坚合众国和中华人民共和国发布联合公报,宣布于1979年1月1日建立外交关系。中国基于十年规划,锚定一系列雄心勃勃的经济目标。"再建十个大庆"是当时中国工业的口号。国家将会投资600亿元,超过前28年投资的总和。该规划需要180亿美元进口,费用的大部分预期以增加的原油出口支付。除了大量的外国进口,该规划在很多方面与毛泽东时代的发展政策相差不远:[4] 积累率过高;冶金、机械制造及石化等重工业优先;农业、

---

[1] 陈正祥:《中国的石油》,第41页。

[2] 美国马里兰州国家档案馆,CIA-RDP99-00498R000100050063-0号,1977年10月3日。

[3] Lee Chae-Jin, *China and Japan: New Economic Diplomacy*, Hoover Institute Press, 1984; Ellennor Francisco, "Petroleum Politics: China and Its National Oil Companies", Master's thesis, Centre international de formation européene, Institut européenne, June 2013.

[4] 参见薄一波《若干重大决策与事件的回顾》下卷。

教育和科学部门被忽视；奉行"先生产，后生活"战略，实行会战风格的动员和管理。与日本和西方国家签订的协议涉及用石油和煤炭换取设备和技术，不久之后，也引入了大量的低息外国贷款，并雇用外国专家。

但是，这一"求大、求洋"的规划面临两个群体的批评：在"计划革命"之前负责计划工作的国务院老干部，以及支持改革的年轻的自由派经济学家。这两群人后来因对中国未来的不同愿景而分道扬镳，但他们此时为了共同的反对对象而联合起来。陈云、薄一波和李先念等老干部呼吁全面平衡的经济发展，而不是以牺牲民生为代价继续强调重工业的发展。在这一群体中，陈云在反对《十年规划》中发挥了重要的作用。陈云长期以来一直怀疑计划经济式的经济快速发展。他是当时少有的站起来反对"大跃进"的人，这使他在中央领导层中赢得了极高威望。这位计划工作老干部建议在毛泽东之后的过渡时期采取"调整、改革、整顿、提高"的政策，取代"洋跃进"。陈云认为"衣食住行"（比如农业和轻工业）应当优先发展。这一建议曾在"大跃进"和开展"三线建设"的时候被中央拒绝。《十年规划》中的重点项目，比如上海宝山钢铁厂和大庆新炼油厂项目，都面临重新审查和叫停的压力。计划工作老干部质疑外国直接投资是否适合解决中国发展问题，他们担心重工业上的大量外债将导致国家出现巨额赤字。[1]

邓小平无疑是这一转向力量中的关键人物。作为《十年规划》的最早支持者和设计师，他并不反对工业快速发展和外国援助。但是，他反对"两个凡是"，一场关于"真理标准"的理论大讨论开始了。出于对"大跃进"和大庆模式政策的质疑，政治研究室邀请了马洪、薛暮桥、于光远和冯兰瑞等主张市场化改革的经济学家对马克思主义政治经济学进行再解释，为国家经济发展政策提供新的指导。

1978年9月，时任副总理的邓小平考察东北。在大庆，他指出大庆工人为国家做出了巨大贡献，但牺牲了太多个人生活。据报道，他

---

1 熊亮华：《红色掌柜陈云》，湖北人民出版社，2005年。

说,"大庆是时候该'建设美丽的石油城市'了"。大庆《战报》(后来改名《大庆日报》)当月没有发表任何邓小平考察大庆的新闻。有的单位提出申请,为他们的员工和工人建造现代化的楼房,被高层领导拒绝。大庆油田的党委书记陈烈民坚持,单层的"干打垒"将"永远"是大庆的风景:"一百年不盖楼!"大庆石油管理局局长王苏民因在会议上提出不同意见,而被降职为钻井工程师,调往西南腹地。[1]

1978年11月,中共中央召开工作会议,为即将召开的党的十一届三中全会做准备。华国锋试图把讨论的范围限定在国民经济规划和社会主义现代化的问题上。但是受到陈云讲话的影响,很多会议代表批评华国锋的经济政策为"洋跃进",并提议复查"文革"期间针对老干部的冤假错案。十一届三中全会后,陈云和邓小平成为中央政治局常委。

中国工人阶级的状况

1978年初,在于光远领导下,政治研究室对中国职工的生活状况展开了调查。调查报告披露,恶劣的生活条件严重影响了劳动生产率,报告呈送给了中央领导。根据建筑工程部数据,全国人均居住面积从1952年的4.5平方米降至1978年的3.6平方米。在182个中国城市中,35.8%的城市家庭急需住房。[2]在实行了20年"先生产"战略后,城市严重缺乏国家投资。城市基础设施由于多年的过度使用而缺乏适当维护,濒临崩溃。

1979年,《人民日报》在中宣部部长胡耀邦的指示下,围绕"社会主义生产的目的"展开了讨论。1979年10月20日,《人民日报》头版刊登了一篇评论文章《要真正弄清社会主义生产的目的》,明确抨击"洋跃进"计划。批评集中在四个方面:一、安排整个社会生产计划,不是从人民的消费需要出发,而是从若干种主要产品的增产指标

---

1 根据2007年和2008年在大庆的访谈。

2 参见曹洪涛、储传亨主编《当代中国的城市建设》。

出发;二、在国民收入的分配上,重视积累,轻视消费;三、在积累资金的分配上,重视生产性积累,轻视非生产性积累;四、在生产性积累的分配上,重视重工业,轻视农业和轻工业。文章反驳了"先生产,后生活"的思想观念,指出其影响劳动者的生产积极性,不应再作为全国性口号提出。社会主义生产应该是手段而不是目的。社会主义生产的终极目的是满足人民的消费需求,而不是为了生产的增长。接下来几个月,《人民日报》发表了于光远的文章,还刊登了其他观点类似的文章。在哲学领域,越来越多的人谈论人道主义问题、人的异化问题,批评把人作为实现国家目标的手段,而不是目的本身。[1]

石油部门领导人对这些批评反应强烈。从1979年11月到1980年1月,大庆《战报》、《华北石油报》、《石油工业简报》发表了很多文章回应《人民日报》的评论员文章。这是中华人民共和国历史上第一次有地方报或行业报敢于挑战党中央的"喉舌"。在1979年11月17日和19日,石油工业报纸刊发由石油工业部调查研究室撰写的两篇文章,回应指出,"先生产,后生活"的口号在新时代仍然适用。发表在大庆《战报》上的两篇文章,《少说空话,多干实事》和《在发展生产力的基础上改善人民生活》,分别于1979年12月5日和6日,通过中央人民广播电台全国播送。[2]

1980年1月,华国锋出面制止了大辩论的进一步发酵,短短几周内,报纸安静了。一个月后,在中共中央十一届五中全会上,胡耀邦当选为中共中央总书记。6月,《人民日报》再次讨论社会主义生产的目的。12月,由于光远发起的同主题全国会议在北京召开。1979年末,尽管面对原油增产的巨大压力,石油工业部也只能保证1980年的原油产量与1979年持平。原油出口合同无法兑现,"再建十个大庆"的目标不再被人提及。

---

[1] 李洪林:《四种主义在中国》,生活·读书·新知三联书店,1988年。

[2] 参见1978年11—12月间的大庆《战报》。《战报》上刊登的其他相关主题文章还包括如《先盖楼再拿油,还是先拿油再盖楼?》,1978年12月6日。

沉没的石油平台

1980年7月22日,《人民日报》撰文指出"石油帮"企图掩盖1979年11月渤海2号石油钻井平台在风暴中沉没的事实。这场灾难造成72人丧生。石油部门领导人被指控在风暴发生期间玩忽职守,随后没有及时上报这一事故。

1980年8月26日,石油工业部部长宋振明写了自我批评,登在所有主流媒体上,他本人也被解除了职务。康世恩也被解除国务院副总理的职务,并受处分。余秋里被调出国家计委,由姚依林接替。姚依林的观点和陈云类似,主张以"调整"代替"洋跃进",作为1979年和1980年的发展目标。楼房作为现代化城市的标志开始出现在大庆油田。

80年代以来,曾经作为社会主义模范建设的大庆逐渐从国家舞台淡出。大规模的住房建设在全中国的城市中复苏。仅1979年,城市住房总建筑面积就达到6256万平方米,创下自1949年以来的新纪录。随着都市中农场和鸡舍的消失,规划的多层住宅逐渐取代了自建的低层泥坯房或者砖房。然而,支持中小城镇发展的政策被保留下来。

1978年,第三次全国城市工作会议在北京召开,明确规划工作的基本思路是"控制大城市规模,发展中小城镇"。1984年出台的《城市规划条例》和1990年施行的《城市规划法》进一步确认了支持中小城镇发展的原则。与其他规模城市相比,这一期间的中小城市人口增长限制更少,土地利用增长更快。

1980年,大庆矿区被升级为大庆市。1981年新成立的大庆市城市规划局起草了大庆的第一个"城镇建设总体规划"(1981—2000年),此时大庆的非农业人口已经超过49万人。1984年完成的总体规划提出到2000年将大庆建设成为"新工业城市"的目标,大庆的发展战略是"相对分散,适当集中"。在规划过程中,居住点设置越来越集中,已有的3个城镇、34个中心村和260个居住点被调整为6个工业城镇、24个中心村和27个居民村,密度更高,公共服务更好。[1]从1984年开始,大庆低层的土坯房逐渐被多层的砖混结构房替代。

五年后的1989年,大庆市对旧版城建方案做出修订,提出了《大庆总体规划调整方案》。相较1981年版,1989年版的方案规划更加集中,明确提出了在萨尔图、东风、龙凤建设石油城市的目标。这一版规划标志着大庆正式告别了过去的分散模式,于1990年获得黑龙江省城乡建设科技进步一等奖。

1994年,大庆城市人口超过100万。在2000年版《大庆市城市总体规划》中,萨尔图不再是城市中心,甚至不再是城市居住区。位于中心的带状富含油藏区域让位于石油生产,城市发展主要在包含东风村和龙凤的东城,以及包含原先让胡路和乘风村的西城。东城是大庆的行政中心,而西城是石油生产的指挥部。根据2000年版总体规划,在油田生产区域内建造的住宅将被废弃,居民将逐渐迁移到新的城镇。[2]

---

[1] 黑龙江省城市规划勘测设计研究院编:《大庆城镇建设总体规划(1981—2000)》,1981年。

[2] 黑龙江省城市规划勘测设计研究院编:《大庆市城市总体规划(2000—2020)》,2000年。

后记

　　离开大庆后，晓华一家在河北廊坊住了好几年。这个城市位于北京和天津之间，是石油工业部输油管道局所在地。他们的居住条件秉持了大庆精神，以单层砖房为居住标准。1976年7月唐山发生大地震之后，他们在临时棚户里又住了一年，这让他们想起在集体农场的日子。

　　真正的转折点出现在1980年。新的住房需求开启了中国历史上第二波城市建设的高潮。有点讽刺的是，城市规划技术岗位的恢复使晓华和阿松获得了回到城市社会的途径。1981年末，晓华和阿松入职新成立的南京城市规划部门。他们第二段职业生涯赶上了城市建设热火朝天的时期。三年后晓华辞去了她的规划工作，转入建筑设计院工作。2002年，她从高级建筑师的岗位上退休。

经历了 30 年的城市改建扩建，受大庆模式影响的景观在今天几不可见了。许多建设在偏远的生产边疆或者"三线"群山脚下的居民点被废弃。大庆的名字如今在公共舞台鲜少被提及。东北有着丰富的自然和矿产资源，曾是军国主义日本和年轻的社会主义中国的重要工业基地，现在已成为中国的"锈带"。

中国在取得前所未有的发展的同时，也累积了越来越多的未解之题。本书尝试追溯这个社会主义国家的发展历程和城市政策，而大庆景观的变化标志着社会主义中国一段不寻常的篇章，集中体现了自 50 年代以来中国国家和社会所面临的威胁和转变。在 20 世纪的中国，没有任何家庭可以逃避宏大叙事下的结构性变革。在 20 世纪下半叶的开端，普通人的选择与国家的命运即更为深刻地缠绕在了一起。

1949 年，中国的城市人口仅不到 10%，城市远远称不上现代。与此同时，城市与乡村之间的差距更大：大片的乡村土地勉力维持着现状，农民艰难维系着他们极低的生活标准。人民共和国成立之初，每过七年人口就增加 1 亿，面临着为居住集中、数量庞大的人口提供衣食住行的巨大挑战。[1] 国家和社会都在寻求一条通往现代化的革命道路。中央计划经济被认为体制先进，能够帮助中国实现收支平衡，凝聚更强大的国家财富和力量。但苏联式的重工业化发展模式，过度侧重重点城市和发达地区，而忽视了更广泛的农民基础，导致了灾难性的后果。周期性的物资匮乏严重削弱了早期努力的成果。自 50 年代中期开始，中国开始大幅削减城市建设成本，来弥补资源的匮乏，大庆模式应运而生，将城市建设的标准降至农村标准水平。60 年代，大庆的生活条件无疑十分艰苦，但是农村的条件更加糟糕。国家遏制城市化进程、削减城市消费是为了节约工业化发展的成本。平衡农业和工业、城市和乡村的投资是永恒的矛盾。追求城乡平衡成为一种手段，而不是目的本身。

大庆模式的有效性在于，它能够在条件困难和物资匮乏的情况下持续扩大生产，这很大程度上依赖个体的主观能动性。几乎所有的积累都

---

[1] 直至 80 年代末，中国的人口高速增长才停止。

被转化为追加的生产,而其中的负担由家庭内部消化。每个家庭所遇到的困难超越了个人本身的境遇。城市的状况要好于乡村,但所有人都感觉到生活的艰难。城市建设的节俭导致城市生活水平和基础设施的恶化。住房短缺,自来水、天然气、煤炭和燃料得不到充足的供应。与超长的工作时间如影随形的是超负荷的家务劳动。缺少医生和药品意味着患者病程会拖得更久,疫病传播范围会更广。但与上述种种相比,食物的短缺才是最严重的现实威胁。"工农结合,城乡结合"的原则在夫妻间和家庭层面得以实现:从事工业生产的城市工人与他们的农村妻子分享食物配给,妻子从事农业生产,为营养不足的丈夫和孩子提供食物。

随着大庆模式的引入,在60年代末和70年代,"一五"计划实现的聚集性城市增长被持续稀释,投资从北方转向南方,工业从沿海转移至内陆。大城市的人口增长被严格控制,甚至出现了负增长。从1949年到1957年,在人口增长方面排名靠前的城市包括:内蒙古的包头,山西的太原、长治、大同,以及东北的齐齐哈尔、抚顺、佳木斯、吉林、沈阳和哈尔滨。但从1965年至1978年,发展最快的城市成了西南及中部地区的攀枝花、襄樊、桂林和株洲,西北的延安、乌鲁木齐和西宁。东北唯一快速增长的"城市"是大庆。但是这些城市并没有50年代发展得那么快。

六七十年代见证了大量矿区和厂区的出现,从统计学上来说,这些集群不足以算作城市,其非农业人口仅包括从事采矿和制造业的人群。这种分散的发展模式形成了一种全国性的景观,以最低可能的人口密度进行最广的工业化扩张。去中心化的模式在战争的威胁下备受青睐,因为敌方很难从空中分清城市和乡村、工业和农业、中心和边缘,从而可以不必担心空袭危险,并推动鼓励地方自足与自立。

由于1964年和1982年两次全国性人口普查之间的数据空白,学者们一直无法掌握这十几年国家人口分布的准确情况。[1] 然而，根据这两次人口普查的现有数据，集镇（非农业人口不足以达到市级的）的人口增长率高于城市。此外，这 18 年间城镇增长的 2100 万人口中，几乎一半登记的是"农业户口"。[2] 一个家庭内登记户口不同的现象十分常见，比如男工女农，丈夫是非农业户口，妻子是农业户口，而孩子户口跟着母亲。这些农业户口人员在城市、小城镇和非农业生产单位就职于临时性岗位，随时可以转换回农民身份。这些弹性劳动力和工农就业的模糊地带对工业生产稳步增长至关重要，是国家现代化动力的人力资源池，持续吸收压力，提供必要支持。这一机制在今天依旧运作着。

对于国家而言，去中心化的空间同时也伴随着权力的分散和中央控制能力的衰减。由于资金、物资和人力资源的分散，自上而下的管理更为艰难。"文化大革命"导致交通和传播的混乱状态进一步侵蚀了权力。无论是有意还是无意，中央控制的计划工作下放至地方。如果说中国 50 年代的计划经济相较于苏联模式而言，已经是粗糙、不完善的版本，那么到了 70 年代则更为支离破碎。余秋里领导下的国家计划机器失去了对很多关键资源的垄断控制，其常规功能仅限于危机管理、能源供给和维系国内关键交通网络。几次通过传统政治手段和宏大投资计划来恢复中央控制的尝试都未能成功，直到 80 年代以后通过市场化改革开展与全球资本的合作，更具有影响力的中央机构才得以重建。

本书通过展示国家和地方层面的丰富细节，从政治、社会经济、空间及个人的角度，描绘和阐释这个国家复杂的历史时刻。大庆崛起成为国家模范的时期，可能是中华人民共和国历史记述上最具争议的时期。进入改革开放后，官方对这段历史的叙述被迅速重建，以满足不断变化的政治环境的需要：那些极左分子、个人崇拜和"封建残余"导致了共

1　Kam Wing Chan and Xueqiang Xu, "Urban Population Growth and Urbanization in China sicne 1949: Reconstructing a Baseline", *China Quarterly*, no. 104 (Dec 1985), pp. 583-613.

2　这一数字基于国家统计局人口统计司 1988 年公开发行的第一本《中国人口统计年鉴》。

和国"失去的十年",导致了70年代末的国家经济社会危机。另一方面,总有学者质疑这种叙事过于简单,他们将革命和改革视作连续的过程。[1] 历史的遗产,或者更准确地说,改革前后的连续性,可以从政治、经济、社会及空间等多角度窥见一斑。比如,在粮食供应方面,70年代的积累成为后续中国农业发展腾飞的重要基础。从50年代末的"大跃进"开始,大规模的水利工程建设由集体农场的劳动力和下乡插队的城市青年承担。到70年代末,这些水利工程覆盖的灌溉区域发展迅速。[2] 重工业的初步成功为农业生产提供现代技术设备。70年代,为了灌溉干涸但富饶的华北平原而安装了上百万的压力水井。机器逐渐取代人力和畜力,在农村地区普及。[3] 尤其是出于"石油帮"的努力,1973年的"四三方案"开始大规模进口合成氨和尿素设备。大规模的国内化肥厂逐步建起,70年代,廉价稳定的化肥得以持续供应。传统的有机化肥使用费时费力,处理起来也不方便,在乡村用得越来越少。1973年,中国科学家成功培育出高产杂交水稻。在社会主义的前20年,中国广泛的种子生产和分配体系,覆盖中央、省、县、公社和大队各级,能够迅速将新一代的种子分发给上百万农民。这些技术革命的完成、国内化肥厂的建立、灌溉基础设施的彻底完善都发生在70年代。1973年和1974年,由于粮食略有盈余,中国得以将粮食出口至世界。在接下来的十年里,中国农业生产持续增长。在70年代末的农村改革后,人均粮食产量飙升,在1984年达到顶峰。到90年代初,中国的总粮食产量是1952年的三倍,1993年取消了粮票制度。粮食供应不再是国家最严峻的挑战。中国农业的巨大进步通常被解释为80年代农村改革的成

---

1 参见 Vivienne Shue, *The Reach of the State: Sketches of the Chinese Body Politic*, Stanford University Press, 1988.

2 随着乡村集体化的解体,水利工程所覆盖的灌溉区域增长也停止了。参见 Barry Naughton, *The Chinese Economy: Transitions and Growth*, MIT Press, 2007, pp. 258-260。

3 也有失败的例子。例如集体企业生产的小型拖拉机被证明更适合中国乡村地区的农业生产,好于"一五"计划时期投资兴建的洛阳东方红拖拉机厂生产的大型农机。这些大型农机直至改革开放后才得到更广泛的使用。

果。然而，尽管受到"文化大革命"的破坏，六七十年代连续的努力更值得被肯定。[1]

这本书完成了重构毛泽东时代社会政治经验的学术任务，试图全面、动态、细微地还原历史。社会主义在书中既是公正平等理想下的革命意识形态和社会经济规则体系，也是由男性和女性共同行动塑造的动态模式，其中有大人物的功劳，也有小人物的贡献。通过对人民共和国城市建设过程的回溯，通过对党内领袖和精英干部之间的政治考察，通过审视国家机构内部的不同利益、冲突、运作和阻断，展现国家在控制社会和资源中的能力及其局限，记录了新生的中国和其逐渐步入中年的革命青年们。这里既有真诚的革命左派，也有老成谋国的政治家。在各种运动的推动下，有不断变化的社会理想，也有日益增长的现实主义。大庆故事里不乏强烈的意识形态信仰，以及花哨的政治修辞，既展现出人性的高贵，也有现实的欲望。

最后，书中未言明但不得不在此提及的对象是：土地。历史地看，在不断积累提高生活水平的同时，土地的景观随着资源的减少而发生变化。大庆的案例尤其如此，广泛复制大庆模式的中国更是如此。几千年来，中国都是世界上人口最多的国家，人口与土地的张力一直存在。中国传统在土地上保持较高的劳动力投入，土地利用屡次达到极限，早在古代，对土地的开发利用就已扩展至整个疆域范围。人口的大幅增长及其对土地资源造成的压力，带来动乱、战争和自然灾害，造成悲剧性的死亡。过去几代人往往会忽视其中的联系，但这些都将影响到每一个中国人的生活。在我们为更好的未来奋斗的同时，也必须意识到土地所余空间有限性的问题。

---

1 John McMillan et al., "The Impact of China's Economic Reforms on Agricultural Productivity Growth", *Journal of Political Economy* 97, no. 4 (1989): 781-807; Huang Jikun and Scott Rozelle, "Technological Change: Rediscovering the Engine of Productivity in China's Rural Economy", *Journal of Development Economics*, no. 49, 1996: 337-369.

致谢

写作常常是孤独的。幸运的是，在这条路上我从来不是一个人。完成本书的十年也是我人生中最重要的十年。这期间我得到了众多的善意、鼓励，还有智识上和精神上的支持。本书的一个特点是将一位女规划师的人生经历穿插于国家建设的叙事中，而这本书的研究和写作也同样紧密交织进了我的人生。它使我与我的父辈更亲密，帮我厘清人生道路上的迷思。写作的过程改变了我。在这个过程中，我变得更强、更自信、更有韧性，也更感性。因而为本书的完成而要致谢的，远远不止如下将要提到的人。

首先要感谢我在哈佛大学设计研究生院的导师彼得·罗（Peter Rowe），感谢他这些年来的精心指导、启发与始终如一的支持。彼得曾经在哈佛设计研究生院担任了十二年的院长，在他任下设立了设计学院独立的博士项目、清华和同济建筑规划教师的访学项目及相关资助，这是我得以开启在美求学生涯的前提。他对我总是异常慷慨地支持和包容，关爱有加。当然，在我需要压力的时候，他也特别擅长用讽刺和幽默来鞭策我。他对人生和工作的态度影响着我。这本书是我能够回报他的最真诚的礼物。

非常感谢裴宜理教授，她是一位杰出的导师和学者。她对当代中国研究的学识给了我跨学科研究的底气。每一封向她求助的邮件，都能得到迅速而且准确的答复。从她那里获得的首肯给了我选择一条更艰难的路的勇气。因为有她在，我不敢懈怠，一直在努力向前，希望能够不辜负她对我的肯定。

哈佛燕京学社在2014—2015年为我提供了优厚的待遇，让我可以在剑桥安心写作。没有什么地方比这里提供的办公室更适合完成书稿的撰写了：裴老师办公室就在走廊对面，隔壁是哈佛燕京图书馆，这都是我工作动力的源泉。休息的间歇,浏览室内墙上挂的字画、历史照片,以及地库里浩瀚的馆藏,无不提醒着我要尽到作为一名学者的本分。衷心感谢学社的李若虹副社长、林赛·斯特罗加茨(Lindsay Strogatz)、苏珊·斯科特(Susan Scott)、伊莱安·威瑟姆(Elian Witham)让我成为活跃的燕京学者社团的一部分;感谢燕京图书馆员阿部(Nobuhiko Abe),他每天带来的鲜花,给阅览室带来自然的气息。感谢同处一室的其他两位同仁,九州大学的国际关系学者苏琪(Chisako Masuo)和敦煌研究院的艺术史学者张元林,在这九个月里办公室充满欢笑和陪伴,感谢苏琪跟我一起建立了"互助育儿小组"。

特别感谢费正清图书馆馆长南希·赫斯特(Nancy Hearst),她不但对馆藏了如指掌,还慷慨应承担任了我这本书的英文编辑,尽心尽力。哈佛亚洲中心出版项目的主管罗伯特·格雷厄姆(Robert Graham)甫一见面就感受到他的友好与专业,并且很幸运能够在他的任下本书得以顺利出版。感谢加州伯克利大学的邢幼田教授和伦敦大学学院的吴缚龙教授评阅初稿时提出的宝贵意见和慷慨的评语。本书漫长的写作过程中,阅读过全部或者其中一部分书稿并给予宝贵建议的还有司昆仑(Kristin Stapleton)、朱恩·曼宁·托马斯(June Manning Thomas)、理查德·勒盖茨(Richard Legates),以及我在同济大学的师友们,尤其是赵民、吴志强、朱介鸣、李京生、孙施文、栾峰等。童明提供了"干打垒"建筑专业词语的英文翻译建议。

在哈佛这些年来有幸结识了一批来自不同学科背景、共同握笔奋战的学友们,尤其感谢加雷思·多赫蒂(Gareth Doherty)、松谷基一(Motokazu Matsutani)、倪轲(Nick Smith)和任美格(Meg Rithmire)。我们分享田野研究、写作、发表和学术生存之道,痛并快乐着。多亏了2013年在都柏林遇到加雷思时他的督促,不然我难以下决心回到剑桥完成出版计划;倪轲和任美格慷慨地花费时间把我的洋泾浜改成像样的英文。"为了石油的建设"标题就源自倪轲的建议。

我要感谢曾是我的博士论文答辩委员会成员的玛格丽特·克劳福德(Margaret Crawford)给予我的批评和鼓励,即使在她离开哈佛任教伯克利之后。我还要感谢我在剑桥求学期间哈佛和麻省理工学院的老师们，他们在课堂上给我启蒙和启发，改变了我观察世界的角度，尤其感谢马若德（Roderick MacFarquhar）、艾伦·阿尔特舒勒（Alan Altshuler）、安托万·皮孔（Antoine Picon）、苏珊·费恩斯坦（Susan Fainstein）和黛安·戴维斯（Diane Davis）。在哈佛设计学院博士生的小团体中，我结识了诸多好友，他们的友谊、对论文的建议、写作的技术支持和幽默风趣，与我一路相伴。特别感谢刘珩、夏怡（Har Ye Kan）、杨·杨克劳斯（Jan Jungclaus）、金经民（Kyung Min Kim）、冈正义（Masayoshi Oka）、皮拉东·凯莱（Peeradorn Kaewlai）、金世勋（Saehoon Kim）、斯蒂芬·拉莫斯（Stephen Ramos）、皮雅（Warinporn Yangyuenwong）、关成贺、吕瑛英、张婧一。感谢博士办公室芭芭拉·埃尔夫曼（Barbara Elfman）和院长助理玛丽亚·莫兰（Maria Moran）对我这样一个带着两个孩子的女博士生的日常关爱。费正清中国研究中心和曹文锦中国教师奖学金、新加坡东西文化发展基金资助了我最初的博士论文研究和田野调查。

波士顿的许多好友在我回到母校、重新回炉的写作过程中帮助我度过了最寒冷的日子，给多雪的漫长冬季带来温暖，尤其感谢陈晋、王林、王英、杨晓雯和卫明。杨宇翔对我书稿的几版框架和初稿提出了宝贵的意见，让我更多关注人的层面。也是因为他对本书的兴趣给了我信心，让我相信这本书应该在学界之外吸引更多的读者。

最需要感谢的当然是我的家庭。过去十年我最骄傲的成就是在勉力维持一个像样的学术生涯的同时还能生育了两个最可爱的孩子，这没有家人的支持是不可能的。感谢姚栋在很多时候分担了更多的照顾儿女的责任，感谢我的母亲在我难以为继的时刻到上海来帮忙照顾外孙女。而两个孩子在我读书和写作期间提供了陪伴和休息的港湾，安抚我的情绪，忍受我偶尔的爆发和时常的心不在焉，并逐渐成长，成为了我最骄傲的作品。试图了解我父亲所生活的年代是我开启这个研究的最原始的动力，我相信他也同样会为我所完成的工作而骄傲。

最后，感谢所有在田野调查、档案搜寻和访谈中给予我帮助的人，他们构筑了本书写作的基石。当我在2006年开始这个研究时，对即将收获些什么期待而惶恐，与他们的交谈让我不断走近这段历史。除了公众人物外，本书中出现的人名采用了假名，以保护其个人隐私。特别感谢查滨华和杨瑞松，他们的故事是本书不可或缺的一部分，感谢他们信任我、打开记忆之门，引导我认识了大庆篇章中更加人性化的一幕。大庆的田野调查要感谢贺喜凤、奚成军、刘仁、夏畏三、韩福奎、王长海、韩连仲、李宁、苏桂容、王允良、郑祥玉、胡炳炎等接受我的访谈；同时还要感谢中国城市规划与设计研究院和建设部的周干峙（按：已去世）、邹德慈（按：已去世）、石楠、曲长虹、张兵、黄莉、李江云，以及黑龙江省勘察设计院的杜立柱等在档案研究和田野中的帮助。师妹吕瑛英帮助我更好地处理了历史影像，我的研究生沈赟和吴悠帮我重新绘制了部分历史地图。

对于所有帮助我去看到那些从前看不到的一切的诸位人士，我有着无尽的感激。唯有完成更多更好的作品，才能够回报大家的厚爱。

2016年12月31日于上海

参考文献

非公开出版物

《安达市城市规划资料辑要》，国家计委城市规划研究院，1960年（中国城市规划设计研究院档案室）；

《大庆采油二厂：1964—1989》，大庆石油管理局采油二厂；

《大庆市城市总体规划（2000—2020）》，黑龙江省城市规划勘测设计研究院，2000年；

《大庆会战诗选》，大庆会战工委，1974年；

《大庆铁路志（1897—1984）》，王云山主编，大庆铁路修志办公室，1985年；

《大庆土地资源图集》，大庆市农业区划办公室，1987年；

《大庆城镇建设总体规划（1981—2000）》，黑龙江省城市规划勘测设计研究院，1981年；

《关于安达市城市建设问题的文件》，国家计委城市规划研究院（中国城市规划设计研究院档案室）；

《关于目前城市工作的几个主要问题的报告》，安达市市委，1962年（中国城市规划设计研究院档案室）；

《西安、兰州城市建设情况及几点意见》，国家城市建设总局西安小组（中国城市规划设计研究院档案室）；

《西安市工业及文教建设与城市各项服务事业发展配合问题调查研究汇报提纲》，国家建设委员会城市建设部城市工作组，1957年（中国城市规划设计研究院档案室）；

《中国现代城市规划历史研究：1949—1965》，黄立，华中科技大学博士论文，2006年。

公开出版物(报刊)

American Political Science Review; Architecture Design; Cities; City & Society; China Notes; China Quarterly; Comparative Urban Research; Contemporary China Paper; Geographical Review; Institut européen; International Security; Journal of Development Economics; Journal of Political Economy; Journal of Urban History; Progress in Planning; Science; The Association of American Geographers; The Science of Petroleum; Third World Planning Review; Urbanism Past and Present; Wall Street Journal

《当代中国史研究》《党史纵览》《党史纵横》《红旗》《建筑学报》《科学文化评论》《人民日报》《社会学研究》《万象》《战报》《中共党史研究》《中国石油》

公开出版物(图书)

Bernstein, Thomas. *Up to the Mountain and Down to the Village*. New Haven, CT: Yale University Press, 1977;

——, and Hua-Yu Li, eds. *China Learns from the Soviet Union, 1949–Present*. Lanham, MD: Lexington Books, 2010;

Black, Brian. *Petrolia: The Landscape of America's First Oil Boom*. Baltimore: Johns Hopkins University Press, 2000;

Brown, Jeremy. *City versus Countryside in Mao's China: Negotiating the Divide*. New York: Cambridge University Press, 2012;

Chan, Kam Wing. *Cities with Invisible Walls: Reinterpreting Urbanization in Post-1949 China*. Hong Kong: Oxford University Press, 1994;

Cheng, Chu-yuan. *China's Petroleum Industry: Output Growth and Export Potential*. New York: Praeger, 1976;

China Year Book 1936. Shanghai: North China Daily News and Herald, 1936;

Cochran, Sherman. *Encountering Chinese Networks: Western, Japanese, and Chinese Corporations in China, 1880–1937*. Berkeley: University of California Press, 2000;

Cohen, Paul A. *Discovering History in China: American Historical Writing on the Recent Chinese Past*. New York: Columbia University Press, 1984;

Davis, Deborah S., Richard Kraus, Barry Naughton, and Elizabeth J. Perry, eds. *Urban Spaces in Contemporary China: The Potential for Autonomy and Community in Post-Mao China*. New York: Woodrow Wilson Center Press and Cambridge University Press, 1995;

Elvin, Mark, and William Skinner, eds. *The Chinese Cities between Two Worlds*. Stanford: Stanford University Press, 1974;

Friedman, Edward, Paul G. Pickowicz, Mark Selden, with Kay Ann Johnson, eds. *Chinese Village, Socialist State*. New Haven, CT: Yale University Press, 1991;

Gilliam, James Thomas. "The Standard Oil Company in China, 1863–1933". PhD dissertation, Ohio State University, 1987;

Goldman, Merle, and Roderick MacFarquhar, eds. *The Paradox of China's Post-Mao Reforms*. Cambridge, MA: Harvard University Press, 1999;

Harvey, David. "From Space to Place and Back Again: Reflections on the Condition of Postmodernity" in *Mapping the Futures*, edited by Jon Bird, Barry Curtis, Tim Putnam, George Robertson & Lisa Tickner. London: Routledge, 1993: 3–29;

Hershatter, Gail. *The Gender of Memory: Rural Women and China's Collective Past*. Berkeley: University of California Press, 2011;

Ho, Ping-ti. *Studies on the POPULATION of CHINA, 1368–1953*. Cambridge, MA: Harvard University Press, 1959;

Hutchings, Graham. *Modern China: A Guide to a Century of Change*. Cambridge, MA: Harvard University Press, 2003;

Ip, Hung-yok. *Intellectuals in Revolutionary China, 1921–1949: Leaders, Heroes and Sophisticates*. New York: Routledge, 2005;

Ivens, Joris, Marceline Loridan-Ivens, and Jean Bigiaoui, directors. *How Yukong Moved the Mountains*. Documentary, 1976;

Kirby, William. "Engineers and the State in Modern China" in *Prospects for the Professions in China*, edited by William P. Alford, William Kirby, and Kenneth Winston. New York: Routledge, 2010;

———. *Germany and Republican China*. Stanford: Stanford University Press, 1984;

Kirkby, Richard. *Urbanisation in China: Town and Country in a Developing Economy 1949-2000*. London: Groom Helm, 1985;

Kojima Reiitsu. *Urbanization and Urban Problems in China*. Tokyo: Institute of Developing Economies, 1987;

Kornai, János. *Economics of Shortage*. New York: Elsevier, 1980;

Lee, Chae-Jin. *China and Japan: New Economic Diplomacy*. Stanford, CA: Hoover Institute Press, 1984;

Lefebvre, Henri. *Writings on Cities*. Malden, MA: Blackwell, 1996;

Leung, C. K., and Norton Ginsburg. "China: Urbanization and National Development." In *Department of Geography Research Paper*. Chicago: University of Chicago, 1980;

Lewis, John Wilson, and Litai Xue. *China Builds the Bomb*. Stanford: Stanford University Press, 1988;

Lieberthal, Kenneth, and Michel Oksenberg. *Policy Making in China: Leaders, Structures, and Processes*. Princeton, NJ: Princeton University Press, 1988;

Lieberthal, Kenneth, Joyce Kallgren, Roderick MacFarquhar, and Frederic Wakeman Jr., eds. *Perspectives on Modern China: Four Anniversaries*. Armonk, NY: M. E. Sharpe, 1991;

Lin, Yutang. *My Country and My People*. London & Toronto: William Heinemainn LTD., 1936;

Ling, H. C. *The Petroleum Industry of the People's Republic of China*. Stanford, CA: Hoover Institution Press, 1975;

Liu, Shaoqi. "Report on the Work of the Central Committee of the Communist Party of China to the Second Session of the Eighth National Congress." May 5, 1958. In *Second Session of the Eighth National Congress of the Communist Party of China*. Peking: Foreign Languages Press, 1958;

Lu, Duanfang. *Remaking Chinese Urban Form: Modernity, Scarcity and Space, 1949-2005*. London: Routledge, 2006;

Lü, Xiaobo and Elizabeth J. Perry, eds. *Danwei: The Changing Chinese Workplace in Historical and Comparative Perspective*. Armonk, NY: M.E. Sharpe, 1997;

Ma, Laurence J. C. "Anti-Urbanism in China." In *Association of American*

Geographers, 1976;

———. *Cities and City Planning in the People's Republic of China: An Annotated Bibliography*. Washington, DC: U.S. Department of Housing and Urban Development, Office of Policy Development and Research, 1980;

———, and Edward Hanten, eds. *Urban Development in Modern China*. Boulder, CO: Westview Press, 1981;

Mackin, Anne. *Americans and Their Land: The House Built on Abundance*. Ann Arbor: University of Michigan Press, 2006;

Mao, Tsetung. "Yenan Forum on Literature and Art" (May 1942). In *Selected Works of Mao Tsetung*, vol. 3. Peking: Foreign Languages Press, 1965;

———. *The Secret Speeches of Chairman Mao: From the Hundred Flowers to the Great Leap Forward*. Edited by Roderick MacFarquhar, Timothy Cheek, and Eugene Wu. Harvard Contemporary China Series. Cambridge, MA: Council on East Asian Studies, Harvard University, 1989;

———. *Selected Works of Mao Zedong*. Beijing: Foreign Languages Press, 1975;

Mohr, Anton. *The Oil War*. New York: Harcourt Brace, 1926;

Mok, Chung-Yuk. "China's Motor Cities: Industrialization and Urban Development under State Socialism, 1948–90." PhD dissertation, University of Michigan, 1994;

Murphey, Rhoads. *The Fading of the Maoist Vision: City and Countryside in China's Development*. New York: Methuen, 1980;

Munro, Donald J. *The Concept of Man in Contemporary China*. Ann Arbor: University of Michigan Press, 1977;

Naughton, Barry. *The Chinese Economy: Transitions and Growth*. Cambridge, MA: MIT Press, 2007;

Ni, Ernest. "Distribution of Urban and Rural Population of Mainland China: 1953 and 1958." In *International Population Reports Series*. Washington, DC: U.S. Department of Commerce, 1960;

Pye, Lucian W. *The Spirit of Chinese Politics*. Cambridge, MA: Harvard University Press, 1968;

Shaw, Yu-Ming, ed. *Power and Policy in the PRC*. Boulder, CO: Westview Press,

1985;

Shue, Vivienne. *The Reach of the State: Sketches of the Chinese Body Politic*. Stanford: Stanford University Press, 1988;

Solinger, Dorothy. *From Lathes to Looms: China's Industrial Policy in Comparative Perspective, 1979–1982*. Stanford: Stanford University Press, 1991;

Spence, Jonathan. *The Search for Modern China*, 2nd ed. New York: Norton, 1999;

Sun Sheng Han. "Controlled Urbanization in China." PhD dissertation, Simon Fraser University, 1995;

Tamanoi, Mariko Asano, ed. *Crossed Histories: Manchuria in the Age of Empire*. Honolulu: Association for Asian Studies and University of Hawaii Press, 2005;

Ullman, Morris B. "Cities of Mainland China: 1953 and 1957." In *International Population Reports*. Washington, DC: U.S. Department of Commerce, 1961;

Walder, Andrew W. *Communist Neo-Traditionalism: Work and Authority in Chinese Industry*. Berkeley: University of California Press, 1984;

Wasserstrom, Jeffrey N., ed. *Twentieth-Century China: New Approaches*. London: Routledge, 2003;

Whiting, Allen, and Shih-ts'ai Sheng. *Sinkiang: Pawn or Pivot?* East Lansing: Michigan State University Press, 1958;

Whyte, Martin King, ed. *One Country, Two Societies: Rural-Urban Inequality in Contemporary China*. Cambridge, MA: Harvard University Press, 2010;

Wu, Shellen Xiao. *Empires of Coal: Fueling China's Entry into the Modern World Order, 1860–1920*. Stanford: Stanford University Press, 2015;

Ye, Weili with Ma Xiaodong. *Growing Up in the People's Republic: Conversations between Two Daughters of China's Revolution*. New York: Palgrave Macmillan, 2005;

Yeh, Anthony Gar-on, ed. "Reference Materials on Urban Development and Planning in China." *Working Paper* No. 44. Hong Kong: University of Hong Kong, Centre of Urban Planning and Environmental Management, 1989;

Yergin, Daniel. *The Prize: The Epic Quest for Oil, Money and Power*. New York: Free Press, 2008;

Young, Louise. *Japan's Total Empire: Manchuria and the Culture of Wartime*

Imperialism. Berkeley: University of California Press, 1999;

《1949—1952年中国经济分析》,董志凯,中国社会科学出版社,1996年;

《1949年以后的梁漱溟》,汪东林,当代中国出版社,2007年;

《城记》,王军,生活·读书·新知三联书店,2003年;

《城镇居住区规划实例1》,国家建委建筑科学研究院城市建设研究所,中国建筑工业出版社,1979年;

《重建中国:城市规划三十年(1949—1979)》,华揽洪,生活·读书·新知三联书店,2006年;

《初升的太阳》,孙维世,人民文学出版社,1977年;

《大庆》(画报),大庆革命委员会,上海人民出版社,1977年;

《大庆妇女志》,大庆妇女志编纂委员会,方志出版社,1995年;

《大庆家属革命化的标兵——薛桂芳》,《工人日报》编辑部,工人出版社,1966年;

《大庆市志》,大庆市地方志编纂委员会办公室,南京出版社,1988年;

《"大跃进"亲历记》,李锐,上海远东出版社,1996年;

《当代中国的城市建设》,曹洪涛、储传亨,中国社会科学出版社,1990年;

《当代中国的地质事业》,夏国治、程裕淇,中国社会科学出版社,1990年;

《当代中国的基本建设》,中国社会科学出版社,1989年;

《对大庆经验的政治经济学考察》,《对大庆经验的政治经济学考察》写作组,人民出版社,1979年;

《二号院的故事》,李懂章,黑龙江人民出版社,2006年;

《工业战线的鲜艳红旗:大庆油田代表在全国工业学大庆会议上的发言汇编》,人民出版社,1977年;

《工业学大庆始末》,宋连生,湖北人民出版社,2005年;

《红色掌柜陈云》,熊亮华,湖北人民出版社,2005年;

《胡风文集》,胡风,香港立声书店,1955年;

《胡乔木回忆毛泽东》,胡乔木,人民出版社,1994年;

《甲午战前之台湾煤务》,黄嘉谟,"中央研究院"近代史研究所,1961年;

《建国以来毛泽东文稿》第7册,毛泽东,中央文献出版社,1992年;

《建国以来毛泽东文稿》第11册,毛泽东,中央文献出版社,1996年;

《建筑十年:中华人民共和国建国十周年纪念(1949—1959)》,建筑工程部建筑科学研究院,建筑工业出版社,1959年;

《旧中国的资源委员会（1932—1949）——史实与评价》，郑友揆、程麟荪、张传洪，上海社会科学院出版社，1991年；

《康世恩传》，温厚文等，当代中国出版社，1998年；

《李富春传》，房维中、金冲及，中央文献出版社，2001年；

《李敬日记：大庆油田（1960—1966）》，李敬，新华出版社，2001年；

《历史风云中的余秋里》，雷厉，中央文献出版社，2007年；

《六十年代三线建设决策文献选载》，《党的文献》第3期，1995年；

《马克思、恩格斯、列宁、斯大林论共产主义社会》，陆定一，人民出版社，1958年；

《毛泽东思想万岁》，1969年；

《毛泽东选集》第三卷，人民出版社，1991年；

《毛泽东选集》第四卷，人民出版社，1991年；

《毛泽东早期文稿（1912.6—1920.11）》，中共中央文献研究室、中共湖南省委《毛泽东早期文稿》编辑组，湖南出版社，1995年；

《农业学大寨始末》，宋连生，湖北人民出版社，2005年；

《攀枝花市志》，四川省攀枝花市志编纂委员会，四川科学技术出版社，1995年；

《清史稿·食货志》，东京：极东书店，1965年；

《若干重大决策与事件的回顾》（上下卷），薄一波，中共中央党校出版社，1993年；

《石油师人——在大庆油田纪实》，《石油师人》大庆油田编委会，石油工业出版社，1997年；

《四种主义在中国》，李洪林，生活·读书·新知三联书店，1988年；

《翁文灏文存：科学与工业》，翁文灏，中华书局，2009年；

《我们的周总理》，中共中央文献研究室《我们的周总理》编辑组，中央文献出版社，1990年；

《我忆邓小平》，于光远，香港时代国际出版有限公司，2005年；

《五十年回眸——新中国的城市规划》，中国城市规划学会，商务印书馆，1999年；

《新中国工业的奠基石：156项建设研究（1950—2000）》，董志凯、吴江，广东经济出版社，2004年；

《学习铁人王进喜》，人民出版社，1972年；

《余秋里回忆录》，余秋里，解放军出版社，1996年；

《中共党史人物传》第70卷，中国中共党史人物研究会，中央文献出版社，2000年；

《中共党史人物传》第75卷,中国中共党史人物研究会,中央文献出版社,2000年;

《中国城市建设统计年鉴——2014》,中华人民共和国住房和城乡建设部,中国统计出版社,2015年;

《中国的石油》,陈正祥,香港天地图书有限公司,1979年;

《中国固定资产投资资料》,国家统计局,中国统计出版社,1986年;

《中国国民党革命委员会四十年》,中国国民党革命委员会中央宣传部,文物出版社,1987年;

《中国近代工业史资料》,孙毓棠,台北文海出版社,1979年;

《中国经济建设论丛》,翁文灏,资源委员会秘书处,1943年;

《中国人口统计年鉴》,国家统计局人口统计司,中国展望出版社,1988年;

《中国十个五年计划研究报告》,刘国光主编,人民出版社,2006年;

《中国统计年鉴》,中国国家统计局,香港经济导报社,1983、1985年;

《周恩来传(1898—1976)》,金冲及,中央文献出版社,1998年。

中译本后记

《大庆》中文版能够面世颇为不易。如前言所说，它的英文版出版，记录了我从博士就读到回上海任教的人生中最重要的一段旅程。那可能是我最勤奋的日子。博士毕业五年之后，哈佛燕京学社慷慨资助了我回到剑桥静心写作九个月，然后在国内见缝插针完成了最后两章和修改稿，2016年的除夕、2017年的元旦跨年夜，我都在办公室里咬文嚼字，自我怀疑和自我沉醉交替进行。在英文世界，该书于2018年初被哈佛亚洲中心纳入哈佛燕京学社专著系列出版，对我来说是巨大的荣誉和肯定。之后该书获国际规划史学会2018—2019双年度最佳专著一等奖，并得以在2021年再版。这期间，尽管有不少出版社来联系过出中文版，我始终没有真正投入到翻译工作中去。一方面是希望暂时远离那种五味杂陈的心情，另一方面是迫切于展开新的研究。翻译感觉像是炒冷饭，而且是转换成母语，不免"近乡情怯"。我着手翻译了前言和第一章的一部分，然后就停滞在那里。

衷心感谢自该书出版以来以各种方式表达对本书产生兴趣甚至喜爱的读者们。读者来信是一个作者能够获得的最高荣誉。也要感谢各媒体平台帮助推动了一本英文学术专著的大众传播，尤其是"澎湃"、"好奇心"和"一席"。因为这一作品所涉及的丰富主题，如对共和国前三十年建设的回顾与评价、左翼工业文化、石油与能源开发、女性视角的城市与规划等，使我得以认识了我的专业——城乡规划和建筑学——之外的更富多样性的人群，从工业史、科技史、能源政策到当代中国的研究者，以及新闻从业人士等。于我而言极为亲切的，是"他乡遇故知"，是那些"油二代""厂矿子弟"与我分享的共同记忆。北大新闻与传播学院的王洪喆老师就是其中一位。素未谋面，因为相似的研究兴趣，他向同学们推荐了我的这本书，并且在他创办的"北京媒介小组"

微信公众号上连续推送了两期本书内容，被我的朋友看到，转发给我，表示比我本人翻译得好。我因此而结识了译者张欢。感谢张欢对翻译工作的热情和投入。2022年上海疫情让我意外收获了更多时间进行校对，并回到哈佛图书馆完成了最后的原文核对。

最要感谢三联书店《读书》杂志的卫纯编辑，没有他，这本书难以及时与读者见面；感谢哈佛亚洲中心出版项目主管罗伯特·格雷厄姆（Robert Graham）赶在退休前完成了中文版权的授权事宜；感谢查滨华、杨瑞松两位前辈一如既往的支持，并提供了详尽的校对意见。本书使用了原大庆油田采油二矿职工张启华所出版的摄影集中图强村的几张历史照片，但几经尝试未能找到联系方式，在此表示歉意和感谢。研究生张云婕协助替换了附图中的中文图注。

期待中文版的面世能够带来更广泛的读者群体，这是我在酝酿和写作本书时真正希望展开对话的对象，共同记录一段与当下和"我们"密不可分的历史，关于理想与理性、爱与友情、困境与韧性的故事。谨以此书中文版献给我的同龄人、那些社会主义工业化环境下成长起来的孩子，以及2022年与我在艰难时刻分享食物，尽显大庆精神的社区好邻居们。

侯丽

2023年9月27日于麻省剑桥休伦村

译后记

提笔惊觉，与《大庆：为了石油的建设》结缘已有三年。三年前，我从北京大学新闻与传播学院硕士毕业，进入《中国石化报》社工作，在湖北潜江的江汉油田进行实践锻炼。

初入潜江，油田的景观对我来说都是新的。和大庆一样，潜江也被分为东城和西城。江汉油田坐落于西城，这里的主路——"五七大道"，以1969年发现江汉油田的"五七会战"命名。大道两侧是标准化的城市布局，局机关、住宅、广场、学校、医院、水杉林、二级单位的楼房，勾勒出"五七大道"两侧的天际线。真正进入油区，就要拐进乡路，在农田之间能看到或新或旧的磕头机，慢条斯理地上下点头起伏，从地底采出原油。它们是石油工业最醒目的标志物。唯有通往井场路两旁杂生的芦苇，记叙着60年代之前这片土地原始的空旷荒芜。

我跑遍了油田十几个大大小小的二级单位，爬上过高耸的井架，登上过敦实的大油罐，见过修井机从3000米深的地下抽出长长的管杆，也在除夕采气平台的铁皮房里和守井人一起巡井跨年。很有幸在油田实践锻炼期间，我的研究生导师王洪喆推荐我阅读了这本学术专著，以文字为媒介，从2020年的江汉油田进入六十多年前的大庆油田，回溯我国石油工业发展的最初阶段。

石油是现代工业的能源命脉，是极其重要的战略资源。20世纪初期，受地质理论的局限，在中国的各方勘探均未取得实质性成果，我国被视为"贫油国"，石油资源一度被外国资本垄断。这也意味着当时我国获取能源代价高昂，而且极易被其他国家扼住命脉，抗日战争年代更是牺牲了无数生命，只为了将石油从滇缅公路跨过国境线运进境内。新中国成立后，1959年大庆油田的发现，不但为国家能源安全增添底气，也成为推动新中国工业化、现代化的加速引擎。

但是建设大庆油田也并非易事。60年代新中国百废待兴，工业基础薄弱，外部援助陡然归零。在这样的困局中，为了快速发展现代化工业，我们走上了"自力更生、艰苦奋斗"的道路，通过大规模劳动投入和群众科学创造，充分发挥人的主观能动性，在匮乏的资源条件下，极短时间内另辟蹊径创造出工业奇迹。

在今天重返60年代的大庆油田工业经验，同时也是回顾新中国如何自立自强创新走出一条适应自身发展的工业化道路，有助于我们跳出固有的思维局限，以中国自身经验为主体理解今天丰富的现实可能性。

我们在《大庆：为了石油的建设》中看到，60年代的大庆城市规划形成了一种区别于建制化学科范式、符合经济现实的城市规划新模式。他们因地制宜，运用当地群众的生活经验，以东北地区的传统民居"干打垒"为基础，创造出实用且节约的"科学干打垒"住宅区。这种房屋虽然无法提供舒适的现代生活，却能在当时匮乏的物质条件和恶劣的自然环境下保证石油人的基本生活。大庆油田的实践从建设需求和现实的物质技术条件出发，给出了一套工农业相结合的社会主义城市设计方案，高大的钻井机、磕头机与大片的农田和谐共存，成为大庆独特的景观，形成了与西方工业城市截然不同的"去城市化的工业化"经验，成为全国工业城市的模板。

在大庆油田勘探开发过程中，这样的案例并不鲜见。能够把握方向的领导干部、受过现代教育的知识青年和普通的产业工人紧密团结在一起，他们深入实际、攻坚克难，为新中国的石油工业奠定基石。

石油战线始终是共和国改革发展的一面旗帜。如今，随着经济的快速发展，社会对能源的需求较过去实现了指数级增长，与此同时，我国能源自主保障能力也在不断增强，油气的勘探开发正在向新区块挺进。如今，我国原油年产量已从80年代的1亿吨提升至2亿吨，天然气年产量从0.1亿立方米起步，增长至2300亿立方米，"十三五"期间，年均增长为9.4%，发展迅速。

石油石化人一次次离开本土，前往偏远的山区、荒漠，开发新的油气田。现在，地理意义上的江汉油田已超出了潜江这一城市的范畴，重庆涪陵、山东清河、陕西坪北都有江汉油田的油区。涪陵页岩气田是其中规模最大的油气区块。

2012年，涪陵页岩气田首口页岩气井——焦页1HF井钻获20.3万立方米/天的高产工业气流，拉开了中国页岩气商业开发的序幕。

大规模的页岩气勘探开发，让涪陵焦石坝这个往日宁静的深山小镇变得热闹而繁华。气田会战初期，由负责现场管理、钻井、测井、录井、压裂、测试、工器具维修等工作的近8000名工程建设者组成的大团队陆续进驻焦石坝，镇上的人口骤然增加了一倍。他们租住在当地农户家中，用乒乓球台充当办公桌。与《大庆》描绘的60年代石油会战类似，大批人口涌入尚未开发完全的乡镇，生产与生活仍是最初的一组突出矛盾。石油石化人依旧秉持"先生产，后生活"的原则，五年建成我国首个百亿立方米产能的页岩气田，连绵不绝的武陵山脉又成了石油人工作生活的新阵地。

随着气田建设的推进，涪陵的生活设施也在逐步完善，各种社区、商场、公园也随着城市的规划慢慢兴起。很多调去重庆涪陵的江汉人都是三个月"上山"、一个月"回家"的工作节奏。与本世纪大规模的城乡流动不同，石油石化人总是逆向而行。在远离城市的油气区域，石油工业与城镇的发展形成了有益的互补。

我曾在涪陵页岩气田驻站三个月，每周我都会跟车进入生产一线。一路上，庞大的山体在车窗框出的景别中无尽绵延，只有通过崎岖的山路才能进入散落在群山中的生产现场。

不同工种的生产特点决定了石油人不同的生活方式。钻井队的工作跟着钻机走，往往一个队伍就有五六十人，井打到哪里，队伍就跟到哪里，他们的居住点随着勘探工作的探进而移动。地层情况复杂，每次钻井周期记录的刷新都来之不易，技术员告诉我，井场上只有有用的技术才是好技术，钻具和泥浆体系都要根据地层特性做出相应的调整，与生产结合紧密。钻井队员分工明确、通力协作，一口井的顺利完钻离不开每个人的努力。

采气站的工作相对稳定，通常一个班组十几个人就住在采气平台上,每天固定时间去区域的各井站巡检。有些站点由于过于偏远,只有两个人住在站上,每三个月轮一次班。我曾在一个采气平台听了站上所有人的故事。有对夫妻年轻时便在东北的井站上一起守井,从东北到西南,两个人把工作过成日子;有采气人从江汉采油厂临时调过来,心里仍挂记着在潜江的亲人;有人在采气站独当一面,成长为技能大师,把家安在了涪陵。

因此,《大庆》中晓华所经历的石油行业工作细节总会令我有种熟悉的既视感。今天的石油工业中仍留有60年代的影子,当年发现的油田至今仍为我们贡献着油气产量;作为模范典型的石油精神,在今天也延续为在平凡岗位上苦干实干、"三老四严"的工作作风,构成保障国家能源安全的具体实践。

这本学术专著出现在我结束学术生涯、进入石化行业的转折阶段,对我有独特的意义。本书所展开的60年代石油工业史精准嵌入了我读书时所关注的20世纪技术史和媒介史,打开了连接过去与现在的通路。本书采用双线叙事,一方面透过大庆城市的设计与建设,折射出新中国前三十年历史环境的变化以及发展路线的选择;另一方面通过女性规划工作者晓华的个人经历,讲述她在大庆的工作、生活及个体抉择。作为在新世纪成长的一代人,我再次体认到,我所经历的不过是漫长历史中的一个短暂剖面,要将个体放置在整体历史的背景下,了解过去、理解现在,主动识变、应变、求变,才能更好地面对未来。

因此,在王洪喆老师推荐阅读本书之后,我出于单纯的知识共享的心态开始了"野生"翻译,通过"北京媒介小组"公众号进行分享,后来又经过王洪喆老师的介绍,认识了侯丽老师。感谢侯丽老师的信任,把翻译的任务交给了我,为我粗糙的译稿进行了耐心细致的审校,所幸有她的把关,最终译稿得以回归作者原意。感谢王洪喆老师,不仅在我们读研期间为我们传道授业解惑,也在我们工作后关心支持我们的成长。感谢三联书店《读书》杂志的卫纯编辑,为这本书的最后面世做了大量的工作。

同时也要感谢中国石化这个大平台,让我有了完整一年的实践锻炼经历，也让我对石油石化行业有了更具体的认知和更深刻的情感。感谢《中国石化报》社领导对我的栽培、同事对我的关怀，包容我初出象牙塔时的莽撞，给予我成长的机会和空间。感谢江汉油田、中科炼化的领导和同事，非常热情地接纳了当时十分稚嫩的我，带着我进入生产现场爬高走低，认识了可爱的石油石化人。写下这段文字的时候，很多回忆都涌上心头，感激之情，溢于言表。

当下，能源行业面临新的变革。随着"双碳"目标的提出，能源行业加快转型升级，推动新旧动能转换，创新地质认识和工程技术，激活页岩油气、深层超深层油气潜力，加大油气资源增储上产力度，同时在氢能、地热、光伏、风电等新能源领域探索新的可能性，加快推动绿色低碳高质量发展。

从60年代发展而来的能源故事仍然未完待续。

张欢
2023年12月9日于北京